幽默沟通学

王超◎编著

国家一级出版社 中国纺织出版社 全国百佳图书出版单位

U0747691

内容提要

　　幽默是一种智慧，一种才华，一种力量，一个说话风趣幽默的人，无论在什么场合，都能如鱼得水，左右逢源。

　　本书选用了具体的幽默小故事，从不同场合和角度展现了一套制造幽默和运用幽默的实用技巧，语言诙谐犀利，令你在轻松阅读中掌握幽默沟通的精髓，学会幽默、学会沟通，进而修炼成一个玩转幽默的高手。

图书在版编目（CIP）数据

幽默沟通学／王超编著.—北京：中国纺织出版社，2018.11（2019.1重印）
ISBN 978-7-5180-5458-9

Ⅰ.①幽… Ⅱ.①王… Ⅲ.①幽默（美学）—语言艺术—通俗读物 Ⅳ.①H019-49

中国版本图书馆CIP数据核字（2018）第226983号

责任编辑：闫 星 特约编辑：李 杨
责任校对：冠晨晨 责任印制：储志伟

中国纺织出版社出版发行
地址：北京市朝阳区百子湾东里A407号楼 邮政编码：100124
销售电话：010—67004422 传真：010—87155801
http：//www.c-textilep.com
E-mail：faxing@c-textilep.com
中国纺织出版社天猫旗舰店
官方微博http：//weibo.com/2119887771
三河市延风印装有限公司印刷 各地新华书店经销
2018年11月第1版 2019年1月第3次印刷
开本：880×1230 1/32 印张：6.5
字数：108千字 定价：39.80元

凡购本书，如有缺页、倒页、脱页，由本社图书营销中心调换

前言
preface

当今社会，幽默已经成为我们日常生活中必不可少的一种语言艺术。现实生活中，我们也经常能看见幽默口才所迸发的智慧火花：原本单调乏味、尴尬无比的社交场合，一句幽默的话能立即将沉闷的局面打破；双方争论激烈、僵持不下时，一句幽默的话，能让大家破颜而笑；当你陷入尴尬境地时，一句自嘲的话，不仅展现你的风度和智慧，也给彼此一个为化干戈为玉帛的"台阶"。而那些善于幽默者，也在展示个人幽默智慧的同时，展示了自己积极乐观、平等待人、与人为善的品质，因而往往更容易成为整场交际活动的中心。原因在于，说话幽默风趣不但能给周围的人增添快乐，更能借助带有深刻哲理和启迪性的语言而使自己更具魅力。

可以说，幽默已经涉及我们生活中的方方面面了。

幽默是人际沟通的润滑剂。可以有效地降低人与人之间的"摩擦系数"，化解冲突和矛盾，并使我们能从容地摆脱沟通中可能遇到的困境。

幽默是一种生活的艺术，让他人和自己释放心理压力。一个

具有幽默感的人往往能够从自己不顺心的遭遇中发现一些"戏剧性因素"，然后让自己快乐，达到内心的平衡。列宁的姐姐曾告诉别人："列宁巧妙的幽默使人胸怀开朗。"只有我们自己心胸开阔了，才能使周围人心胸开阔；只有自己具有感染力，才可能感染周围人，使大家都能快乐开朗地生活。

挪威的一项研究显示，拥有幽默感的成年人比缺少生活乐趣者更长寿，极具幽默感的癌症患者比起缺乏幽默感的患者，死亡率低70%。

幽默是一种智慧的展现，谈吐幽默的人往往易于取胜，没有幽默感的人则往往会失败。在交际场合，幽默的语言极易迅速打开交际局面，使气氛轻松、活跃、融洽。

幽默是职场晋升的动力。在职场，幽默能使人从容地应对棘手的工作，同时能尽显人情味，有助于与同事和上司建立和谐融洽的人际关系。

幽默更是家庭生活的"调味剂"，在家中，常讲些诙谐幽默的话，可以增加家庭生活的乐趣，使家中充满温馨和谐的气氛。

既然幽默有如此多的好处，掌握幽默的技巧、能够熟练地使用幽默就成了顺理成章的事了。然而，幽默沟通的本领并不是与生俱来的。幽默是一种艺术形式，可以通过后天培养获得，掌握一些基本的幽默技巧，我们在跟人交往时，就能够更如鱼得水，自己也会因此而变得善解人意、灵活机智，人生也会拥有更多乐趣和成功。

　　本书从实用的角度出发，列举了一些幽默小故事，以例说理，从职场、爱情、家庭、社交等多个方面，根据不同场合和对象，为您介绍幽默的智慧和幽默口才的使用诀窍，让您在现实生活中能快速掌握并自如运用幽默的技巧，从而练就妙语连珠、能说会道的幽默口才。

编著者

2018年4月

目录

contents

第01章

幽默是最简单实用的沟通技巧

我们都知道，幽默是一种智慧的表现，但并不是每个人都拥有它。一个人只有具有审时度势的能力和广博的知识，才能做到谈资丰富、妙语连珠。一个心胸狭隘、思想消极的人是不会有幽默感的，幽默属于那些豁达开朗、对生活充满热情的人。除了以上两点之外，你还需要提高观察力和想象力，运用联想和比喻，要有意识地训练自己对事物的迅速应变能力和分析能力；多参加社会交往，多接触有幽默感的人，这种影响产生于潜移默化之中，使你在增强幽默感的同时扩大交际面、增强社交能力。因此，任何一个人想要成为一个幽默高手，首先要做的就是先幽默自己的心灵。

幽默不只是口才，更是一种智慧的表现

恩格斯说过："幽默是具有智慧、教养和道德上优越感的表现。"在现代生话中，男人需要幽默，展现他运筹帷幄，决胜千里的魅力；女人需要幽默，体现她机灵深邃、轻巧机智的独特气质。巧妙地运用含蓄幽默的语言，看起来是轻描淡写，但实际上却说出了问题的关键。丘吉尔说过的一句话让人难忘："英国在许多战役中都是注定要被打败的，除了最后一仗。"这既表明了英国的力量，也传达了含蓄幽默的力量。

不论你从事的是什么行业，不论你是经理还职员，幽默的力量都能为你的工作增色不少。它能帮助你含蓄而充分地表现自己，帮助你成功地与他人交往和沟通，帮助你在逆境中将困难一一化解。风趣幽默的语言往往能产生四两拨千斤的力量，达到举重若轻的交际效果。我们在与人交往过程中，不妨偶尔使用一下幽默之语，相信定能达到你想要的交流效果。

幽默可以通过创造一种快乐而友好的气氛来减轻你周围人的烦恼。僵硬的表达使他人感到不舒服，而微笑和机智却能熄灭怒火、减轻沮丧、抚慰绝望。幽默可以促进更好地沟通和理解，它

不仅会让快乐停留在你的身边，更重要的是还能让别人感到高兴。幽默感的确可以提高一个人受欢迎的程度。

幽默能沟通心灵，拉近人与人之间的距离，是和他人建立良好关系的不可或缺的黏合剂。尤其当一个人要表达内心的不满时，如果能使用幽默的语言，别人听起来也会比较顺耳；当一个人需要把别人的态度从否定改变为肯定时，幽默是最具说服力的语言；当一个人和他人关系紧张时，即使在一触即发的关键时刻，幽默的语言也可以帮助他摆脱不愉快的窘境、消除矛盾。

幽默是缓和尴尬局面的智慧。人在生活中避免不了失望、挫折以及失败的局面，如果我们承受挫折的忍耐力不够充足，焦虑以及恐慌就会主宰我们的身心。假如一个人有了幽默感，他就会用幽默机智的能力来克服这一切困难。由于他人的妨碍，无法把工作做好，同时对此人又不允许直言冒犯，故而采用委婉的幽默方式便可达到自己的目的，运用幽默的力量便能清扫成功大道上的障碍。凭幽默力量来获取成功，以幽默而友善的方式代替批评，对工作上出了毛病的同事，以笑语来化解尴尬。果真如此，你和你的同事都将是赢家。

幽默不仅是一种说话技巧，更是一种智慧，这种智慧中蕴涵着一种宽容、谅解以及灵活的人生姿态。幽默的人，说出话来虽让人感到如憨似傻，却因心境豁达，反而令人感受到他淳厚的天性和无穷的智慧。如果人人都能拥有一份旷达朗润如万里晴空的

心境，他们说的话，也就完全能够达到无意幽默，但却"幽默自现"的境界。

幽默是达成目标的捷径

正如心理学家凯瑟琳所说："如果你能使一个人对你有好感，那么也就可能使你周围的每个人甚至是全世界的人，都对你有好感。只要你不只是到处与人握手，而是以你的友善、机智和幽默去传播你的信息，那么时空距离便会消失。"在人际交往中，想要与对方达到沟通的最佳效果，你就要懂得幽默，因为幽默是达成目标的捷径。

沟通的成败与你的人格魅力有很大联系，如果你能用幽默来装点自己，那么你就很容易走进对方的心灵。幽默可以获得交际对象的好感。获得对方的好感是交际活动成功与否的关键所在。在一般情况下，人们都愿意与富有幽默感的人交往，人没有人会喜欢哭脸。有人说，一张笑脸，可以引起无数人的笑脸，但是一张哭丧的脸，却永远孤独。从某种意义上说，这是对的。

做任何事情都需要掌握一定的技巧，想要变得幽默就需要掌握幽默的技巧。学会幽默需要掌握以下几点技巧：

1.学会自嘲

如果在公共场合出现尴尬的情况，这时自嘲不妨是一个化解

尴尬的好方法。沟通是一门艺术，而很多人在使用的时候却总是不得要领。因此，要想在生活中学会幽默，就需要经常和幽默的人打交道，掌握幽默的技巧才能掌握这门艺术。

2.明确出发点，要与人为善

幽默不同于讽刺。讽刺是对社会生活中的不良现象予以尖锐地嘲笑和谴责；幽默则不然，最多是含笑的启示，一种善意的暗示性的批评，并无刺伤人的意思。运用幽默，绝不能借说笑来嘲弄挖苦别人。特别注意的是，不要对存在智力障碍的人、贫穷的人、身体残疾的人进行讽刺和嘲笑。用残疾人的身体缺陷作笑料来幽默，是不可取的。我国某些著名笑星就受到一些国际友人在这方面的批评。

3.分场合，看对象

在运用幽默语言的时候，一定要避免不分场合、不分对象的幽默。在不同的场合、不同的对象面前，同样的幽默故事产生的效果是不同的。在一些情况下，幽默产生的正面能量会起到积极的作用；而在一些场合中，幽默很可能会起到负面的作用。所以，我们一定要考虑幽默的时机。

4.选取高雅的内容

笑料的内容取决于开玩笑者的思想情趣与文化修养。内容健康、格调高雅的笑料，不仅给对方启迪和精神的享受，也是对自己美好形象的有力塑造。所以说我们所表达出来的幽默一定要是健康向上的。只有这样，对方才会觉得你是一个值得信任的人，

才会与你建立朋友关系。如果你用低级的幽默取悦对方，虽然对方表面不会说什么，但是内心早已经排斥你了。

5.本着真实而自然的原则

在日常工作中，经常看到或听到一些成功人士，他们大多恰到好处地运用幽默，显得真实而自然。没有耸人听闻，也不哗众取宠，更不是逢场作戏。这是因为，他们都知道太精于说妙语和笑话，对个人的形象并无帮助。所以说，不要像那些不懂幽默的人一样硬生生地去制造幽默，否则你不仅达不到幽默沟通的目的，还会带给他人滑稽、浅薄的印象。

6.注意幽默的尺度

在幽默沟通的过程中切忌不明确目的，不掌握尺度的行为。幽默的尺度，也是幽默的支点，通常人们所运用的都是嘲讽假的丑的、颂扬真善美的道德尺度。即对幽默题材对象运用正确的道德评价，不用愚昧去嘲笑科学、不用错误的标准去攻击正确的事物。

不论你从事的是什么行业，幽默的力量都能为你的工作增色。它能帮助你含蓄而豁达地表现自己，帮助你成功地与人交往和沟通，帮助你在逆境中将困难一一化解。在与他人交往的过程中，不妨适时使用一下幽默，相信定能达到你想要的交流效果。

尊重是幽默沟通的前提

我们看一下下面这一个例子：

有一次，某公司的老总组织了一个大型聚会，很多公司的领导都参加了，李海也去了。但李海认识的人不多，于是他选了一个人数较多的圈子靠了过去。

李海首先跟旁边的女士自我介绍："你好，我是××公司的总经理。"

"你好。"女士点了点头，由于过去从未谋面，所以她向李海说道："感觉不太熟悉，我们应该没见过吧？"

"是的，这是我的名片，直接叫我李海就可以。"说完，李海恭敬地递上名片。

紧接着，周围的人开始互动起来，彼此递交各自的名片。

其中有个个头不高、身材微胖的年轻人同样也给了李海名片，李海看了下那个年轻人的名片，只是一个小小的主管。

李海心想，既然仅是个小主管，那就没有太多的利益可图，得罪他没什么大不了的，既然这样，不如拿他开个玩笑活跃气氛。

李海看着年轻人印在名片上的名字，不禁笑了起来。

年轻人不知哪里出了问题，疑惑地问道："怎么了？"

"呵呵，我只是觉得你的名字好有意思。"李海笑着摇头说道。

周围的几个领导听到李海的言论纷纷凑了上来，都向李海问道："有什么问题呢？李海，你还会算命呀？"

"哈哈，不是的，我不会看命相，只是这个主管的名字有点意思，太直接了。哎，这里有女士，还是算了。"李海卖着关子，大家反而更好奇了。

"李海，你说吧，大家都成年了，没关系。"旁边一个男士起哄道。

"程波奇，这名字显得很威猛。呵呵，程先生整天都这么兴奋吗？呵呵，'波奇'"李海询问那年轻人。

话刚刚说完，年轻人满脸的尴尬，无奈地一笑。

周围的人开始还没明白，一会儿便都会意过来：哦，远来这样啊，是音相近，产生了谐音。

"是有点邪恶的意思。"一个男士甚至笑出了声，大家都意会了，笑开了。

李海看到气氛不错，一时得意忘形，接着又说道："你们有没有听过这个笑话，是关于胖子的？"

"是什么？"大家好奇地询问道。

"你们猜猜看，假如有个胖子从20层楼落下来，会变成什么？"李海满脸笑意地问。

"肉泥？"一人回答。

"错。"李海摇头。

"变成厉鬼？"

"也不对。"

"那是什么呀？"大家等着李海揭开谜底。

"当然是变成死胖子，因为他死掉了。"

"哈哈。"虽然这个笑话本身很无趣，大家还是笑开了。

"大家再猜一个，什么东西有两只脚并且能叫你起床？"李海问大家。

"一定是公鸡喽。"一个女孩自信地说道。

"错。"李海摇头。

"否则呢？"大家都十分疑惑地看着厉害。

"是妈妈。"李海说。

大家哄堂大笑。

李海成功地吸引了大家的眼球，但是年轻人程波奇却感到不快，默默地站在一旁。不仅仅是因为名字的事，同样也因为那一则胖子的笑话，让他强烈地感觉到李海在调侃他。

尊重他人是一个人最起码的道德品质，如果你连尊重都做不到，即便你调侃了对方博取了大家的欢笑，那么大家也不会从心底里喜欢你，因为大家心里都明白你是一个没有道德底线的人。所以说，想要达到良好的幽默沟通的效果，首先学会如何尊重他人吧！

1.平等待人

很多人在沟通的过程中因为对方社会地位较低就给予不公平的对待，甚至看不起对方，拿对方开玩笑，这是不可取的。幽默

是最讲平等的，只有把自己摆在和别人平起平坐的位置上，我们才能用幽默的语言和别人轻松地开玩笑，共同创造一种和谐、快乐的生活氛围。

2.不以伤害他人为前提

如果你在沟通的过程中不顾及他人的颜面和尊严，肆无忌惮地开玩笑，那么你就会变成大家厌恶的人，没有人真心想和你交朋友。一个不尊重他人的人是不会受到他人尊重的，尊重是最起码的道德准则。不讲情面的冷嘲热讽，不分场合不分时间地挑逗，这不是幽默，是素质问题。开口前，一定要先搞明白什么是幽默，什么是讽刺。随意拿别人开涮，其实就是在不尊重自己。

3.不要涉及别人敏感问题及隐私

每个人都有自己抵触的话题，我们如果不了解这个人，就不要为了所谓的活跃气氛而跟对方开玩笑，这样极易碰到别人的底线，如此沟通不仅达不到目标，反而会让你失去朋友。此外，如果你跟对方很熟，你更要注意保护好别人的隐私，不要以玩笑的形式肆意宣传，博取其他人的欢笑，否则对方会对你怀恨在心。

幽默固然很重要，但毕竟不是生活的全部，也不是万能的。运用幽默是为了发展和谐的人际关系，为了使自己或别人保持健康愉快的心理状态，为了彼此互相了解。有了这样的出发点，在人际交往过程中，幽默的力量才是大有可为的。

幽默绝不是逗乐，而是一种智慧语言

现实生活中的任何人，在与人交往的时候，都渴望与那些具备"神秘力量"的人交往，因为他们能给我们带来精神上的愉悦。这种吸引人的"神秘力量"究竟是什么？没错，就是幽默！可以说，使人发笑是一种伟大的力量，它的力量有多大，我们无法估量，但不可否认的是，谁都喜欢亲近让人快乐的人，他们帮我们暂时放下了肩上的担子与心头的挂虑来轻松片刻。幽默使人会心一笑，使人开怀，我们的生活中，就是有人有这样的魔力，一开口，便能获取大众的笑容。为此，可能很多人认为，幽默便只是说说笑话而已，实际上，幽默能成为一种魅力，它绝非只是说说笑话这样容易的事。真正的幽默绝不是滑稽逗乐，也不是哗众取宠，更不是低级趣味。我国著名作家老舍说过：嬉皮笑脸并非幽默。幽默是一种优美的、健康的品质。

因此，我们可以认为，幽默的真谛不是逗乐，而是化解尴尬、制造快乐气氛、使人身心愉悦、使听者感受到积极的意义等。

如果你想塑造一种个人魅力，那么不论你是男是女，是老是少，也不论你是美是丑，是机灵或是木讷，唯一不会失误的秘方，只有一个，那就是幽默。在有限的时间和空间之内，哪怕是初次见面的一次晚餐上，幽默都能让你一展才华。脱口而出，令人耳目一新，乐不可支，印象深刻。一段精彩的幽默对话，有时会让人一辈子不忘，你的形象和你的故事会一起被新朋友们长久

地储存在记忆深处。

幽默感并不是每个人都天生具备的，但确实是一个有效的工具。它可以调节紧张的气氛，让生活在你周围的人心情舒畅。但是要记住很重要的一点：只有真正懂得幽默的真谛，才能使风趣上升到幽默。如果一直本着逗乐的原则来取悦他人，那只能算是哗众取宠，不能算真正的幽默。而且有些低俗的情调会模糊人们的判断能力，时间长了会歪曲人们对某些事物正确的看法。情调高雅的幽默总是与于诙谐的言语中蕴含着真理，体现着一种真善美的艺术。

多挖掘幽默素材，让自己与他人开怀一笑

现实生活纷乱复杂，繁重的压力也总是让现代人喘不过气来。同样，每个人都会有自己的烦恼，这是难免的。一位睿智的哲人说："烦恼是人驾驭不了自己而发出的徒劳的叹息。"一位伟大的思想家说："烦恼是人生灰暗的色调，是心灵空虚的自我表白。"无论怎样，我们每个人都有必要解除烦恼、获得快乐。然而，理性对烦恼是无能为力的，于是感性的解除方法就被摆到了我们的面前。我们并不用费尽力气去寻找，因为它就在我们的身边，它的名字叫"幽默"。

事实上，任何一个快乐的人都是善于从现实生活中挖掘幽默

素材而加以运用，从而让自己和周围的人开怀一笑的。

　　传说古代有个石学士，一次骑驴不慎摔在地上，他站起来拍拍屁股说："亏得我是石学士，要是瓦的肯定碎了！"周围的人哈哈大笑，对石学士投以欣赏的目光。在这个故事中，石学士就是用幽默成功地化解了尴尬。

　　幽默是应对窘境的最佳选择，既能让自己活得轻松洒脱，保持心理的平衡，又能让别人看到你的胸怀和修养。

　　想要幽默就需要有敏锐的洞察力，平时要养成细心观察的好习惯，并且培养自己敏锐的反应能力，这样才能在适当的时机说出适当的话，恰到好处地引起共鸣，博人一笑。

　　事实上，日常生活中，我们每个人每天都会遇到挫折甚至不幸。面对不幸，我们应该注意观察生活中的某些时刻，发现其中令自己开心的因素。生活并不会轻易提供让我们快乐的理由，这时候就需要我们花时间主动去寻找让自己开心的事情。寻找微笑将有助于减少抑郁心态、放松心情并至少暂时远离生活的烦恼。而这些乐趣与美丽，就是我们渴望幽默的根本原因。

　　的确，许多人都喜欢幽默，尤其是现代生活愈发快速的节奏、沉重的负担、少得可怜的沟通更令人喜欢幽默那种使人坦然、轻松地面对世界的特性；喜欢在自己的工作中从幽默的角度来审视人生；喜欢与那些浑身焕发出夺目的幽默光彩的人共事、交往。那么，现实生活中，我们如何挖掘出那些令人会心一笑的幽默素材呢？

1.保持平常心

在这个世界上，我们不可能一帆风顺，事事如意，生活中总会有烦恼和忧愁。当烦恼萦绕心头时，我们要学习智者，用幽默化解烦恼，还自己快的生活。

但我们必须做到万事应想得开，随时随地保持心理平衡，相信自己，不对自己过分苛求。每个人都有自己的抱负，有些人要求自己过高，根本非能力所及，于是终日郁郁不得志，这无异于自寻烦恼。有些事物你越想得到它，它反而往往会远离你，正所谓凡事不要太过强求。

2.培养敏锐的洞察力

洞察力是指一个人多方面观察事物从多种问题中把握其核心的能力。只有迅速地捕捉事物的本质，以恰当的比喻、诙谐的语言进行表达，才能使人们产生轻松的感觉。当然在幽默的同时，还应注意，重大的原则是不能马虎，不同问题要不同对待；在处理问题时要有灵活性，做到幽默而不俗套，使幽默能够为精神生活提供真正的营养。

触类旁通，幽默要有联想力

我们都知道，幽默是一种智慧，是一种机智，是生活的调味品，是人际关系的润滑剂和成熟的表现，它具有穿透力，能给人

们带来轻松的笑声和欢乐，消减矛盾和冲突，缩短人与人之间陌生的距离。例如将抽象难懂的问题具体化，能使深奥的语言变得浅显易懂，同时还能给枯燥干瘪的语言润色，使之变得更加丰满，另外还能产生让人们联想的"弦外之音、言外之意"。幽默的方式很多，比如自相矛盾、借用修辞、多向思维等，而且每一种方法中都闪烁着智慧的光芒。但每一种方法都需要我们做到触类旁通、发散思维。

在特定的环境下引用别人的话语、格言，可以达到幽默的效果。每一句话都有它产生的场合和特定的思想和内容，同样的语言，场合变了，思想和内容也会跟着起变化，就会产生幽默。可见，制造幽默我们一定不能固守传统的思考、说话方式。

那么，具体说来，我们该如何运用发散思维制造幽默呢？

1.歧义

对于原本意思连贯的一句话，你可以先说一半，然后停顿一下，这样，对方会跟着你暗示的方向进行联想，此时，你再说出另外一半，导致最终的话语含义出人意料，令对方恍然大悟。

2.双关

有时候，同一个词语，却有截然不同的几个意思和读音，为此，我们便可以利用词语的多义、多音来表达两种不同的含义，让对方会心一笑。

美国第38任总统杰拉尔德·R·福特就喜欢用双关语制造幽默。有一次，他回答记者提问时说："我是一辆福特，不是一辆

林肯。"

很明显，福特总统的这句话是话里有话。我们都知道，林肯和福特都是汽车的品牌，但在档次上却有很大的区别，林肯高档品牌，而福特则是廉价的、普遍的、大众化的，同时，林肯和福特又是两位总统的名字。因此，福特总统是想表达自己的谦虚，同时，也为了标榜自己是大众喜欢的总统。福特巧借同名来比拟，以显示自己是大众喜欢的总统，不仅十分幽默，而且十分巧妙。

3.歪解

就是歪曲、荒诞的解释。它所寻求的原因不需要是正当的、逻辑层面的，甚至可以是似是而非的、驴唇不对马嘴的。

某学校有个调皮的学生，一次翻墙，被校长捉个正着。校长严肃地问："你为什么翻墙？"学生挺着胸脯，指着上衣说："美特斯邦威，不走寻常路！"

校长吃了一惊，又问："这么高的墙你怎么翻过去的？"学生抬起一条腿，指着裤子说："李宁，一切皆有可能！"

校长生很无奈地说："翻墙的滋味怎么样？"学生指着鞋说："特步，飞一般的感觉！"

次日，学生从学校的正门走出，校长故作惊奇说道："今天怎么不翻了？"学生指指全身说："安踏，我选择我喜欢！"

校长却说："我要记你大过！"学生听后很不满地问："为什么？我又没犯错！"校长冷笑道："动感地带，我的地

盘听我的！"

这则幽默用了很多广告语，它使人发笑的地方就在于很多地方出现了与传统思维的碰撞与摩擦，从而产生了使人惊讶后感到好笑的效果。正是这其中的出乎意料和略微的荒诞不经使得幽默本身充满了活力，给人以动感。

4.啰嗦

与长话短说相反，它致力于短话长说，将一个简单的事实复杂化，以制造笑话。

例如，你见王伟了吗？去女厕所——的隔壁了。

5.降用

故意用一些严肃的、庄严的、术语化的词来说有些细小、不重要的事情。

6.对比

利用不和谐的事物比照来构造幽默。

7.倒置

把话语的正常顺序和事物的正常关系逆转过来，从而构成滑稽可笑的效果。

8.别解

对词做另外的解释。使之偏离常规的含义，故意望文生义或望字生义。

9.拟人与拟物

我们在平时不仅可以把物拟人化，同时人也可以拟成无生命

的东西来达到幽默的效果。把物当做人来描写，使物活起来，更具人性化。把原来适用于物的词语来描写人，使人变成某物，更加形象化。由于比拟的主客双方具有许多相同之处，所以可以放在一起，进而使用修辞中的拟人或拟物的手法来制造幽默。

第02章

言谈幽默好处多，生活处处需幽默

生活中，我们每个人都追求快乐、渴望远离痛苦，幽默便是一种神奇的力量，一个善于制造幽默的人总能左右逢源、受到人们的喜欢。具有幽默感的人总像个开心果，无论走到哪里，都给人们带来欢声笑语。同时，幽默也能给自己一个良好的心态，它具有无形的保护作用，发挥得越好，就越能保持个人所需要的身心的平衡。所以，我们可以说，幽默好处多多，我们的生活也因幽默而更多姿多彩。

谈吐幽默让你魅力不凡

大家都喜欢跟幽默的人交往。因为懂得幽默的人给别人一种亲切感，更容易接近。懂得幽默的人，身边的人自然会被他睿智的内心世界所吸引，而淡忘了他的外在条件。他散发出来的魅力磁场异常迷人，使周围的人愿意向他靠拢。

幽默能显示出一个人的风度、素养和魅力，能让人在忍俊不禁、轻松活泼的气氛中工作、生活和学习。幽默是一种高深的说话艺术，幽默不仅能给周围的人以欢乐和愉快，同时也可以提高个人的语言魅力，为谈话锦上添花。

要想在别人心中留下好印象，幽默风趣也是重要因素。幽默能够迅速消除人与人之间的陌生感，让你在对方心中留下好印象。所以，在人际交往中，不妨多多尝试幽默，它不仅可以弥补你口才方面的不足，还能成为你与他人沟通的助推器，帮助提升你的人气。

在与别人交往中难免会发生一些不必要的摩擦。在这些情况下，如果能从容地开个玩笑，紧张的气氛就能消失得无影无踪，而且听众还会被你的魅力吸引，被你的宽广胸怀感动，最后真正

接受你。在人际交往中，轻松幽默地开些得体的玩笑，可以松弛神经、活跃气氛，营造出一个适于交际的轻松愉快的氛围，因而幽默的人常常受到人们的欢迎与喜爱。

有生活经验的人都会认识到幽默对于人生的重要性。幽默使人以宽容、谅解的眼光来看问题，并使人以愉悦的方式表达真诚和善良。它像一座桥梁，拉近人与人之间的距离，填补人与人之间的鸿沟。其实很多时候，幽默不仅可帮别人摆脱困境，还可以给自己一个台阶下。这个时候所赢得的称赞，往往不是在夸耀你的语言功夫，而是你的个性魅力。最重要的是，你因此而化解了很多矛盾，也赢得了很多朋友。

幽默能够迅速消除人与人之间的陌生感，并在对方心中留下好印象，幽默是将生活中的各种令人烦恼的问题以轻松诙谐的语言表达出来。幽默是成功社交的捷径，幽默是一种能博得好感、赢得友谊的好方法。也许你无法得到速成的爱，但是凭借幽默的力量，能使你的人际关系充满温暖与和谐，甚至得到陌生人的尊敬，这就是幽默的魅力。

幽默感被公认为是人的性格中最有价值的私有宝物。假如一个人没有了幽默感，就像春天没有美丽的花朵，一盘菜没有调料。从一定意义上来说，人的特独个性都是取决于自身的幽默感。

内心幽默的人即使生活匮乏也会神采奕奕

现实生活中，可能很多人感叹自己贫穷，感叹自己没有过人的本领，没有美丽的外表，没有令人骄傲的物质资本等，但生活依然是生活，快乐的源泉也并非是这些物质资源，而是人的心灵。一个具有幽默感的人，他的内心是充实的，他们总是善于抓住生活中的各个细节、于无意识中制造幽默，让自己和周围的人都能会心一笑。因此，即使物质生活匮乏，他们也总是神采奕奕。

的确，幽默对于生活的力量是巨大的，心理学的研究表明，幽默不但可以提高人的免疫能力，也会增强个人的主观幸福感与乐观人格。由此，弗洛伊德将幽默视作精神升华的有效手段，并大力提倡人们学会用幽默来宣泄生活烦恼。此外，幽默还可以帮助人们提高人际交往能力，获得和谐的人际关系。更重要的是，幽默感使人富于创新思考力和同情心，从而不断地追求烦恼中的快乐、冲突中的和谐。

那么，具体来说，幽默有怎样的神奇力量呢？

1.幽默有助于交流

人是社会的人，都需要与人交流，但很多时候，需要交流的问题，如果直接指出，会引起不快甚至是斗争。此时，幽默就是很好的替代品，一句搞笑的话就能转移双方的注意力。除此之外，那些倾向焦虑和忧郁的人更应该多讲笑话，与人交流。

2.幽默让人放松心情

笑具有一种微妙的力量，它能让人放松。当人们使用幽默，自主神经系统就像从高把位上缓缓下来，让心脏得以放松。因此，对于长期处在紧张的工作环境和生活下的人们，幽默是最好的放松心情的良药

3.幽默可以减轻压力

在美国的加州大学，曾经有这样一个实验，这个实验表明：笑声不仅能提高我们的免疫力，还有助于减少三种应激激素：皮质酮、肾上腺素和多巴胺代谢激素——一种多巴胺降解代谢物质。研究人员研究了16个被试者，这些人被随机分配到控制组和实验组（有幽默性事件发生），血压水平显示三组被试者的这三种应激激素分别被减少到了39%、70%和38%。因此，研究者认为幽默这一积极事件可以减少有害的应激激素。

4.幽默可以战胜恐惧

幽默能使人看的积极乐观的一面，能改变人们对于事物的认知，笑声迫使我们在情境与反应之间作出一些缓和的步调以及一些必须的距离。因此，如果你能感到小时候的某件恶作剧是可笑的，那么，你童年期所受的创伤经历在你的心灵中将不再那么纠结。如果你能以自我娱乐的观点看待婚姻中的问题，那么，你便也能从这一问题中解脱出来。

5.幽默使人舒适

查理·卓别林曾说："真诚地去笑吧，你将能够去除痛苦，

并与痛苦嬉戏。"这大概就是为什么人们面对痛苦都采取幽默的方式加以排遣吧。

6.幽默减轻疼痛

整体观医学护理杂志发表的一项研究表明，幽默的确能够减轻痛苦。"在手术后，有一些病人在施以有痛苦的药物治疗之前给予幽默刺激，结果相比较那些没有幽默刺激的人来说，接触幽默刺激的组群较少感到疼痛"。

7.幽默提升免疫能力

在《美国健康》杂志中，Dave Traynor在堪萨斯技术大学做过一项研究，主要探讨免疫能力是否能被幽默加强这一问题，结果再一次证明笑声能够战胜外来病毒细胞。

了解这一点，你就能明白为什么当你遭遇感冒时，你的孩子跑过来告诉你今天在学校发生的趣事，你就能高兴地爬起来为你的孩子准备晚餐的原因了。

8.幽默可以培育乐观

幽默的人是爱笑的，爱笑的人是乐观的，生活中遇到的问题，他们都能以达观的心态面对，自我安慰一番，也就没有什么大不了的。

所以，如果一个人能对他以前的不快记忆或者当前的痛苦事件以幽默应之，那么就可以改变他的认知观点，让生活中到处充满微笑，这样便可以更有效地减轻苦难。

弗洛伊德曾言："笑话给予我们快感，是通过把一个充满能

量和紧张度的有意识过程转化为一个轻松的无意识过程。"可能我们从幽默中获得的，不仅仅是一笑，而更多的是物质财富所不能带来的幸福感吧！

借助幽默，让烦恼无处遁形

我们都知道，生活绝非全是幸福，与幸福相对的就是烦恼，烦恼与幸福是一对孪生的兄弟，谁也离不开谁。实际上，生活就是如此，总是由烦恼和幸福组成。有些人一旦遇到烦恼就会变得烦躁不安，甚至会发火，而作为他发火的对象，也会因此变得心情不悦，于是，这种情绪就会互相传染，从而带来更大的烦恼和不快。那么，如何摆脱这种烦躁的情绪呢？睿智的人一般都选择幽默口才法，他们在理性解决烦恼的同时，往往还运用幽默的手段，化烦恼为欢笑。

通过幽默，我们可以学会以笑来代替苦恼；借着幽默的力量，我们能使自己和他人摆脱痛苦。站在更高的层次审视自己遇到的烦恼，就能产生意想不到的快乐。

有一个副总，中年有为，风度翩翩，是不少女职员的梦中情人。有一个叫小芸的女孩总爱和他套近乎，引得同事们议论纷纷。老总让书记提醒他一下，书记就有点犯愁：这事儿可向他怎么开口呢？

那天，书记和几个下属在副总办公室聊天。小芸兴冲冲地推门进来，一看有其他人在，觉得很尴尬，就悄悄地退了出去，副总顿时也有点不自在。

过了一会儿，只见书记似插科打诨般，念了一句苏小妹给秦少游出的对联："闭门推出窗前月。"其中悄悄瞄向副总，见他若有所思，片刻后接了句"投石击破水中天"，然后笑着说："这秦少游还得感谢苏东坡呢。"两个人心领神会。

没想到，苏小妹三难新郎的一个对联，含蓄地表达书记的提醒，副总也含而不露地接受了。从此，副总开始注意自己的言行，把苗头扼杀在摇篮里。

这里，面对工作上的烦恼，书记便采用了旁敲侧击的方式，以幽默的语言点醒了副总，从而起到传递信息的作用。

的确，幽默的力量不仅体现在它可以润滑人际关系、消除紧张、解除人生压力、提高生活品质上。它还可以使我们精神振奋、信心倍增、忘却许多不愉快的事情。

为了应付人生大大小小的烦恼，你需要这样一种力量——不论你是为人父母或是为人子女，是教师或是学生，是售货员或是消费者，是老板或是职员，是上司或是下属，幽默的语言都能让你轻松一笑。但要利用幽默的语言技巧帮自己摆脱烦恼心绪，还需要你做到：

1.乐观豁达

真正的幽默力量是从内心涌出，更甚于从头脑涌出。心胸狭

小，斤斤计较以及顽固不化的"死心眼"往往是幽默的大敌。

豁达是幽默中蕴含着的一种重要品质。凡事乐观，即使身陷困境也看到希望，而不是整天悲悲戚戚、愁眉不展，其宝贵的思维模式是"大不了就……"，而不是斤斤计较，过分较真。多想自己的缺点和短处，经常开开玩笑，而不是"我是天下第一"式的盲目逞能好胜，这就是豁达。

豁达往往意味着超脱，但又没发展到虚无，所以它仍是一种积极因素，是一种美好的人性的表现。如果你的特点、能力或成就可能引起他人的妒忌甚至畏惧，而且这已经影响到你的心情、生活和工作时，那么，你也没必要和对方争吵，你可以试着去改变这些不好的看法。例如，你可以说一句妙语："世界上没有一个人是完美的，我就是最好的例子。"放低自己的姿态来和他人一起笑，会便他人喜欢你、尊敬你，甚至敬佩你，因为你的幽默力量证明你是个有魅力的人。

2.尽量不要把玩笑的对象指向他人

利用幽默口才消除烦躁心绪，还要要把握分寸，这其中就包括幽默的对象的作用。当你想说笑话、讲讲小故事，或者造一句妙语、一则趣谈时，最安全的标的就是你自己。如果你笑的是自己，谁会不高兴？有一条不成文的定律说，能笑自己的人才有权利开别人的玩笑。

力求个性化、形象性并学会适当的幽默，往往可以使自己说话变得有趣起来。幽默力量能认同幽默的事物。因此真正自信的

人物会笑自己，也鼓励别人和他一起笑。他们以与人分享快乐来给予并获得，相信你也能做到！

幽默是展现良好风度的最佳方式

人们常说，幽默是语言表达的最高境界。一个幽默的人不但能够给他人带来很多的快乐，也能够恰到好处地表现出自己的风度。当成为众人瞩目的焦点时，幽默的人能够自然而然地成为人群中的社交之星。

现实生活中，没有人永远都会受人欢迎。在人际交往的过程中，我们难免会遭遇到尴尬和冷场的情况。有的时候，我们也会因为遭遇他人的误解，因而处于被动。在这种情况下，如果一味地为自己辩解，则非但不能证明自己的清白，反而会因为无休止地与他人纠缠而降低自己的身份和地位。这时，与其竭力争辩，不如采取幽默的方式，恰到好处地展示自己的风度，这样反而能够给他人留下好印象，让他人更加认可和欣赏我们。尤其是当遭遇他人的恶意挑衅时，针锋相对地报复和打击，远远不如适时地幽上一默，让大家在欢笑之中对我们刮目相看。总而言之，幽默是人际交往的润滑剂，用好幽默，我们才能更加受到他人的赏识，也帮助自己建立和经营好人脉关系。

奥巴马发表演讲的时候，现场观众众多。女大学生泽尔贝斯

靠在最前面，距离奥巴马很近。因为人群拥挤，她手中拿着的酸奶不小心洒了，弄到了奥巴马的裤子上。正在演讲的奥巴马不动声色，而是幽默地说："这下子你一定会出名了，因为你居然把酸奶洒到总统身上了，这可真是一条绝妙的新闻啊！"工作人员马上把纸巾递给奥巴马，奥巴马弯腰擦拭自己的裤子。这时，看着这一切泽尔贝斯尴尬极了，赶紧道歉："总统先生，很抱歉，我真是不是故意的，希望您能原谅我。"看着泽尔贝斯紧张不安的样子，奥巴马马上幽默地说："没关系，我能理解你，你一定是看到总统太激动太兴奋了，所以才会不小心把酸奶洒到我的身上。当然，也许你看到特勤局的人都瞪着你，所以你原本是想洒到他们身上的吧！"听了总统的话，在场的同学全都忍俊不禁。奥巴马的这番话，不但消除了泽尔贝斯的尴尬，也帮助自己成功解围，更重要的是还彰显了他的宽容大度和风趣幽默，可谓一举数得。

奥巴马作为总统，却在演讲的公开场合被洒了酸奶，不得不说，这是很让他尴尬的。然而，作为闯祸的女大学生，泽尔贝斯更加紧张不安。幸好奥巴马非常幽默机智，给泽尔贝斯打了圆场，也使得现场原本紧张的气氛缓和下来，更表现出自己与众不同的风趣、气度。

自从中国长沙出土了马土堆汉墓，而且发掘出不腐女尸，整个世界都为之轰动了。基辛格博士在秘密访华时，曾经对周总理提出："尊敬的总理先生，贵国马王堆一号汉墓的发掘成果让整

个世界都为之震惊，那具女尸的确举世罕见啊！我来到贵国之前曾经受到我国著名科学家的委托，希望能够用地球上没有的东西换去女尸身边的木炭，您看可以吗？"周总理听了之后，问："国务卿先生，贵国政府想用什么东西进行交换呢？"基辛格说："月球上的土，是我国的宇航员亲自从月球上带回来的，这个可是地球上没有的，也是贵国没有的吧？"

听了博士的回答，周总理笑着说："我以为是什么稀罕的东西呢，原来是来自我们的老祖宗啊，我们的老祖宗早就把月球踩在脚下了。"基辛格听了之后惊讶不已，疑惑不解地问："难道你们已经登上月球了？这是什么时候的事情？为什么没有向世界公布消息呢？"

周总理指着眼前茶几上嫦娥奔月的牙雕，面带微笑、一本正经地对基辛格说："我们早就公布了呀，5000多年前，我们的祖先嫦娥就飞到月亮上了，还在月亮上修建了广寒宫呢！如果你不信，很快我们就会派人登月看望老祖宗呢！在我国，这可不是什么新闻，而是人尽皆知的，你作为中国通，怎么能不知道这件事情啊！"周总理幽默机智的回答，使得基辛格博士情不自禁地笑了起来，再也不提以月球的土换去马王堆女尸周围木炭的请求了。

面对基辛格博士的不情之请，周总理很难直接拒绝，因而就借用中国古代尽人皆知的神话故事，以委婉风趣、幽默智慧的表达，让基辛格再也不提交换的事情。

在与人相处的过程中，我们每个人都难免遇到尴尬，在这种情况下，与其与他人针锋相对，不如以聪明机智表现出自己的独特幽默，这样不但能够化解尴尬，也能够帮助我们表现气度，赢得他人的认可和赏识。

自嘲是最高段位的幽默

在你身边，什么样的人最受欢迎？你一定会回答：有幽默感的人。因为有了幽默感，他们更善于与其他人沟通，即便表达反对意见也不让人反感；因为有了幽默感，他们总会成为聚会的主角，人人都愿意和他们聊上几句……而最受欢迎的幽默方式是什么？答案一定是自嘲。它是一种生活的艺术，还是对人生挫折和逆境的一种积极、乐观的态度。自嘲并不是像人们所说的逆来顺受、不思进取，而是一种随遇而安的心态，对于那种可望不可及的目标做一下重新调整，设计出符合当下自己的计划，追求新的目标。

幽默一直被人们称为只有聪明人才能驾驭的语言艺术，而自嘲又被称为幽默的最高境界。由此可见，能自嘲的必须是智者中的智者，高手中的高手。自嘲是缺乏自信者不敢使用的技术，因为它要你自己"骂"自己，也就是要拿自身的失误、不足来"开涮"，对丑处、羞处不予遮掩、躲避，反而把它放大、夸张、剖

析，然后巧妙地引申发挥、自圆其说。没有豁达、乐观、超脱、调侃的心态和胸怀，是无法做到的。可想而知，自以为是、斤斤计较、尖酸刻薄的人难以做到自嘲。自嘲谁也不伤害，最为安全，你可用它来活跃谈话气氛、消除紧张，在尴尬时自找台阶，保住面子。

要想做到自我解嘲，就要保持一颗平常的心，这一点也是最重要的。所谓平常心，就是不被名利所累，不为世俗所牵绊，不以物喜，不以己悲。这不是很容易就能做到的，只有树立了正确的人生观、价值观，对名利地位、物质待遇等等采取超然物外的态度，才能心怀坦荡、乐观豁达，精神上才可以轻松起来，才谈得到自我解嘲，自己才可以活得更加潇洒和充实。

具体来说，我们在自嘲时，可以从这些方面入手：

1.笑笑自己的长相

笑自己的长相，或笑自己做得不很漂亮的事情，会使我们给人一种和蔼可亲的感觉。如果你长得英俊或美丽，试试你的其他缺点。如果你真的没有什么缺点，就虚构一个，缺点通常不难找到。

2.笑笑自己的缺点

有时你陷入难堪是由于自身的原因造成的，如外貌的缺陷、自身的缺点、言行的失误等。面对这种状况，自信的人能较好地维护自尊，自卑的人往往陷入难堪。这种时候，对影响自身形象的种种不足之处大胆巧妙地加以自嘲，能出人意料地展示你的自信，在迅

速摆脱窘境的同时显示你潇洒不羁的交际魅力。如果你"海拔"不高，不妨说自己是"浓缩的都是高科技"；如果丑陋的你找了一个美丽的她，不妨说"我很丑但我很温柔"；即便你如刘墉一样背上扣个"小罗锅"，也不妨说你是"背弯人不弓"。

可能你会认为，嘲笑自己的缺点和愚蠢，是幽默的最高境界。然而，伴随着这种嘲笑的情绪是不同的。如果我们尖刻地嘲笑自己，他人会觉得我们犯了愚蠢的错误，活该受到惩罚，那我们只会感到委屈。

总之，在社交场合中，自嘲是不可多得的灵丹妙药，别的招不灵时，不妨拿自己来开涮，至少自己骂自己是安全的，除非你指桑骂槐，否则一般不会讨人嫌。智者的金科玉律便是：不论你想笑别人什么，记得先笑你自己。

第03章

幽默沟通很重要，幽默技巧需掌握

　　幽默在沟通中的重要性毋庸置疑，幽默能让生活处处充满欢乐，能化解人际之间的矛盾与争端，但幽默并不是与生俱来的，也并不是每个人都了解幽默的方法和窍门，下面就介绍几种幽默技巧，帮助你快速掌握幽默的奥妙。

引发联想，借用引申含义制造幽默

生活中的任何人，都希望自己是个懂得制造幽默的人。然而，幽默不会凭空出现，我们需要寻找其根源，这其中就避免不了联想这一思维模式。因此，想变得幽默，我们有必要提高自己观察力和想像力，运用联想和比喻，有意识地训练自己对事物的快速应变能力和分析能力。

所谓联想，指的是因一事物而想起与之相关的事物的思想活动：由于某人或某种事物而想起其他相关的人或事物；由某一概念而引起其他相关的概念。人际交往中，如果我们懂得根据现有情况做文章，顺势联想，不但幽默效果明显，而且颇有太极中顺水推舟，以无形克有形的意味。

杰克就职于一家大公司。他有个生活习惯：喜欢隔山差五去公司楼下的一家理发店理发，并经常趁着工作时间溜出去。

一天，杰克正在享受着理发师为他提供的服务时，他发现公司经理居然也进了这家理发店，并很巧合地坐在了他的邻座上，而且已经认出了他。这下子，是躲也躲不掉了。

"好啊，杰克，我说你怎么不在公司，原来是溜出来理发

了，你要知道，这可是违反公司规定的。"

"是的，先生，我是在理发。"杰克并不否认，反而很镇定地说："可是你知道，我的头发是在工作时间长长的呀。"

经理一听，勃然大怒："不完全是，有些是在你自己的私人时间里长的。"

"是的，先生，您说得完全正确。"杰克答道："所以我并没有把头发全部剃掉呀！"

杰克的这一回答，不免让人会心一笑。这里，杰克是怎么制造出这一幽默的语言效果的？因为他善于联想，能根据公司经理的话做进一步引申，从而将计就计为自己找到一个"开脱"的理由。我们姑且不论其行为正确与否，也不论老板听完一席话之后是否欣赏他的聪慧与口才进而提拔他，单就这幽默的对答就体现出杰克的信心与机智，这也是解决这一难堪问题的最好的方式。

实际上，联想是心理学家较早研究的一种心理现象，目前为止，人们总结出的一般性联想规律有4种，即相似联想、接近联想、对比联想、因果联想。这些联想的规律也可以运用到制造幽默的过程中。

1.相似联想

相似联想就是由某一事物或现象想到与它相似的其他事物或现象，进而产生某种新设想。

职员："先生！"

老板："什么事？"

职员："我老婆要我来要求您提拔我。"

老板："好吧！我今晚回家问问我老婆是否同意提拔您。"

案例中，这位老板运用相似联想的方法制造幽默，达到了"以其人之道还治其人之身"的效果，幽默之中还蕴含着对职员的鞭策，通过相似联想的方法来达到激励对方积极向上的目的。

2.接近联想

事物之间，在某些方面，比如时间和空间上，会有一定的接近性，对这些接近性进行联想，会产生某种新设想的思维方式。

3.对比联想

某些事物之间的某些联系是表现在相反方面的。对比联想就是根据这一联系，制造出比较强烈的对比。对比联想，反映出了事物间共性和个性的和谐统一。

4.因果联想

因果律指对逻辑上有因果关系的事物产生的联想。在说话时，我们可以根据别人言行举止中的事理或一般的道理、规则，合逻辑地推理出含有新义、具有幽默感的结果或命题。

善于联想的人，他的生活是多面性的。他通常好像有用不完的幽默语言，生活当中，能够左右逢源、挥洒自如地解决所遇到的问题。

偷换概念让语言趣味多多

偷换概念是表达幽默的一种方法。所谓偷换概念，是指将对方所说话语的原意，以另外一种概念来解释。从概念上讲，偷换概念是一种逻辑谬误。犯下这谬误者会把对方的言论重新塑造成一个容易推翻的立场，然后再对这立场加以攻击。偷换概念可以是修辞学的技巧，也可以用作对他人的游说，但事实上，这只是误导人的谬误，因为对方真正的论据并没有被推翻。

偷换概念之所以能造成幽默效果，是因为幽默的思维主要不是实用型、理智型的，而是情感型的。因此，对于一般性思维来说是破坏性的东西，对于幽默来说则可能是建设性的。

偷换概念的幽默往往出人意料，所以取得的效果也会非同凡响。事物发展的结果有多种可能，按照以往的逻辑思维，我们可以对其产生多种想像与预测。而偷换概念后的结果，与这些想像推测的结果又是完全不同的，想像的结果与实际的结果之间产生了强烈反差，这样产生出的幽默效果要强烈得多。

偷换概念就是把概念的内涵暗暗偷换或者转移，概念偷换得越离谱、越隐蔽，所引起的落差和震惊就越强烈。概念之间的差距掩盖得越是隐秘，可接受的程度也就越高。有些概念被偷换了以后道理上讲得通，显然这种"通"不是常理上的通，而是另一种角度上的通，但正是这种新角度的观察，显示了说话者的机智和幽默。一般的情况下，人们在进行理性思维的时候，有一个基

本的要求，那就是概念的含义要稳定，即双方讨论的应该是同一回事，只是在理解和运用上不同罢了，由此产生不同的效果，从而产生幽默。

换一个角度看问题，看似漫不经心，其实乃是有备而来。我们常说，幽默来源于生活，但往往并不是生活本身，也就是说，生活是非常现实的，常规的，它不像幽默那样充满着虚虚实实、夸张离奇的喜剧色彩。比如在正式的工作场合中，人与人之间最恰当的交际方式是尽量简要、明确地进行语言的表达和思想的沟通，这一点非常必要。幽默时则不同，明明要说甲事，却可以从与之看似无关的乙事说起。本来要表达某种意思，但通过偷换概念，表达出了另一回事，这就是我们经常采用的偷换概念式的幽默技巧。需要指出的是，现实生活中人们的偷换概念常常是无意中发生的，而当它成为一门幽默技巧时，则是有意设计的，并有相当强的针对性。

改变思路，思维灵活制造别样幽默

很多人都存在惯性思维。所谓惯性思维，顾名思义，就是思维已经形成定势，因而很难突破常规，不管面对什么事情总是循着陈旧的思路循规蹈矩地去做，却不知道常规是被用来打破的。要想有所创新，有所突破，我们就一定要能够打破自身思维的局

限性，甚至还可以改变思路，从而创造让人忍俊不禁的效果。

要想在交流中妙语连珠，我们就要培养自身的发散性思维。举个形象的例子，发散性思维就像一把伞，由收拢到分开，就如同云朵般朝着四面八方铺开，从而使得我们的思维触角伸到更多角落，也使得我们的思想更加开阔。和单一的直线型思维相比，发散性思维显然具有更加强大的力量。当然，为了打破直线型思维的局限，我们还可以以逆向思维进行思考，这样也能很好地规避传统型直线思维的局限和弊端。总而言之，不管使用哪种思维方式，我们都应该理清思路，唯有保持思路清晰，我们才能最大限度地发挥自身的能量，在与他人相处时融洽氛围、协调交流，从而如愿以偿。

很久以前，有个老奶奶整日愁眉苦脸，不管什么时候都满面忧愁，似乎有着很大的悲伤压抑在心里。但是邻居知道这个老奶奶有两个女儿，一个女儿在海边开度假村，每当夏日就生日火爆，另一个女儿在雪山上开度假村，每到大雪纷飞的日子，游客几乎日日爆满。而且老奶奶的两个女儿都很孝顺，总是定期来看望老奶奶，不但给老奶奶很多钱，还为老奶奶购买很多日用品。既然如此，老奶奶还有什么不满意的呢？又为什么要满面愁容呢？

邻居思来想去，也猜不透其中的缘由，因而实在按捺不住，问老奶奶："老奶奶，您的两个闺女都已经成家立业，事业有成，为何您却闷闷不乐呢？"老奶奶依然忧愁地说："我的大女

儿在海边开度假村，虽然夏天的时候生意好，冬天却冷冷清清，丝毫没有客人光顾。所以每到冬天，我就为大女儿忧愁。我的二女儿呢，在雪山上开度假村，每到夏天同样没人光顾，我怎么能不为她忧愁呢？"邻居这才恍然大悟，不免哈哈大笑起来，说："老奶奶，您的两个女儿都是做旅游业的，必然要根据季节的变化产生淡季和旺季，这是很正常的，你有什么必要伤心沮丧呢！你应该改变想法，你想啊，每到炎热的夏日，你大女儿的生意就会很好，每到寒冷的冬日，你二女儿的生意又会很好。你的两个女儿一年四季都在赚钱，这是您的福气啊，您哪个女儿也不用担忧。"听了邻居的话，老奶奶突然转忧为喜，禁不住哈哈大笑起来，说："嗯，你说得很对，我的两个女儿一年四季都有钱赚！"从此之后，老奶奶整日都乐呵呵的。

在这个事例中，老奶奶因为改变了思路，因而从悲伤担忧到笑颜常开，人生也变得截然不同了。对于老太太而言，没有任何事情比女儿们都有好营生更重要，因而邻居得知事情原委之后进行逻辑分析，最终帮助老奶奶摆脱负面情绪，得到快乐和幸福。

同样一件事情，从不同的角度去思考，就能够帮助我们最大限度地从乐观积极的方面看待问题，摆脱坏情绪的影响。尤其是在与人交流的过程中，要想以改变思路的方式劝说他人、安抚他人，我们首先要捋顺自身的思维逻辑，然后再帮助他人捋顺逻辑，从而做到一通百通，更好地与他人交流。

妙用冷幽默语言，制造别样幽默

　　生活中，我们经常提到"冷幽默"一词。所谓冷幽默，是那种淡淡的、在不经意间自然流露的幽默，是让人发愣、不解、深思、顿悟、大笑的幽默，是让人回味无穷的幽默。之所以称之为"冷幽默"，是因为不仅要幽默，还要够"冷"。冷幽默常带有一点黑色幽默的成分，但又区别于黑色幽默，可以理解为意图不明显的幽默。当事人在制造冷幽默的时候，并没有刻意地要达到幽默的效果，这是一种很随意的幽默，笑不笑由你。其实我们的生活中，到处都有冷幽默。

　　由于冷幽默大多无聊，内容奇怪，实用意义不大，所以有的人听得冷幽默越多就越不"怕冷"。原因和上面那种出乎听者意料的情况相反。当听者对冷幽默怀有消极态度时，在听完前半部分的内容时会产生心理暗示：这个笑话将会出现一个极其无聊，极其不好笑的后半部分。这时，听者不会对这个话题产生好奇心，也不会把注意力集中在这个笑话上面。结果就是"注意力集中和思维投入"这个思维过程的变短或者没有。在这个时候，听者不但不会觉得幽默，反而会觉得说冷幽默的那个人很无聊。

　　有人说，语言的最高境界是幽默。不管怎么说，在短短的问答中能否运用幽默、运用多少幽默，是衡量语言质量的重要标准。拥有幽默口才会让人感觉你很风趣，有很高的文化素养和丰

富的内涵。因此，即使你是个不善幽默的人，偶尔制造出一点黑色幽默，也会让生活增添几分乐趣。

以谬制谬，产生幽默效果

日常交际中，面对他人的谬论，如果我们一本正经地摆事实、讲道理，多费口舌不说，倘若对方蛮不讲理，他还有可能胡搅蛮缠、大讲歪理。因此，一种可取的方法是，我们先不妨"默认"对方的谬论，然后再以此为前提，用同样荒谬的言论予以反击。这样，既能反驳对方的观点，又能产生幽默效果，让对方心甘情愿地接受，这种方法就是"以谬制谬"。

一个小男孩去面包店买了一个两便士的面包，发现面包比平时要小很多，于是对老板说："你不觉得这面包比平时要小吗？"

"哦！那不要紧，这样你拿起来就方便了。"显然，老板在诡辩了。

对此，小男孩没有争辩，只给老板一个便士就走出了面包店。

老板赶紧大声喊他："嗨！你没有给足钱啊！"

"哦，不要紧。"男孩不慌不忙地回答："这样，你数起来就方便了。"

针对面包店老板的荒谬言论，那个小男孩进行了有力反驳，

以其人之道还治其人之身。他先假设对方观点是合理的，然后将对方貌似合理的论点加以引申，推向极端，以显露其不合理的本质，从而推倒对方的观点，这样的反击真是大快人心。

"以谬制谬、以毒攻毒"，是在言语论辩中用对方的荒谬逻辑推出更为荒谬的事物来反驳对方，可令对方哑口无言。当对方搬石头砸自己的脚，观点便不攻而破。

洞察对方的荒谬论点，看其论点是否真实，其论据是否能支持论点，推理过程是否符合逻辑。如果结论是否定的，就可以把对方的荒谬论点夸大，使其暴露得更为明显，以达到反驳的目的。

在使用这一幽默技巧的时候，需要注意以下几点：

1.洞察对方的谬论

也就是说，我们首先听出对方的话中含义，这一含义无论是话里还是话外。如果我们过于糊涂，那只能被人玩弄于鼓掌之中而毫无招架之力。

2.找到对方谬论的"漏洞"

对方的逻辑漏洞就是我们反驳对方的立足点。

总之，用以谬制谬的方法来反驳他人，既能迂回达到自己的目的，又能制造出幽默的氛围，让双方在微笑中接受彼此的观点！

对比与对偶，让说出的话趣味横生

口才在当今社会的重要性不言而喻，可是，生活中，总是有一些人说话缺乏条理、思维混乱、词不达意。其实，说话是有技巧的，它往往注重修辞手法的运用，其中就包括对比和对偶，使得我们的话说得更有效。

我们首先来看对比这种修辞手法：

对比，是把具有明显差异、矛盾和对立的双方安排在一起，进行对比比较的表现手法，让他人在比较中分清好坏、辨别是非。运用这种手法，有利于充分显示事物的矛盾，突出被表现事物的本质特征。

从构成的方式看，对比有两种情形。

（1）反面对比

（2）反物对比

对比还有反差的意思，使相反或相对事物的特征或本质更为鲜明、突出。

比如，这样说："你命好，有儿子孝顺。我呢？我得孝顺儿子。"这种语义的倒置产生了强烈的幽默效果。

鲁迅在《战士和苍蝇》一文中这样说过："有缺点的战士终究是战士，再完美的苍蝇也不过是苍蝇。"这里鲁迅把"战士"和"苍蝇"拿来比较，犀利地讽刺了那些诬蔑革命者的"正人君子"，表现出了支持那些投身革命的勇敢战士们的坚

定决心。

可见，把两种不同事物或同一事物的两个不同面貌放在一起相互比较，可使事物的性质、状态和特征更加突显，并且鲜明地表现出说话人的立场和观点。

再如，毛泽东的《论持久战》中，用日本"小国、地少、物少、兵少"和中国"大国、地大、物博、人多、兵多"，以及日本侵略战争是"退步的，失道寡助"和中国抗日战争是"进步的，得道多助"相映衬、作对比，澄清了是非，预示了中国必胜、日寇必败的战争结局，击破了"亡国者"的无耻谬论。

对偶则是在不同的领域有着不同的诠释：

对偶是指成对使用的两个文句"字数相等，结构、词性大体相同，意思相关"。这种对称的语言方式，形成表达形式上的整齐和谐和内容上的相互映衬，具有独特的艺术效果。

对偶以它那严谨、对称的结构以及抑扬顿挫的语音可以使我们的说话内容产生一种引人注意、引人思考的力量。

说话中，如用对偶式的标题，或用对偶式的段落表达富有哲理的内容，可增强语言的表达力，亦可以有效地显示内容的辩证关系与内在逻辑。如下面这段话：

李大钊说得好："今是生活，今是动力，今是行为，今是创作。"

不要为昨天而叹息，我们要笑着向昨天告别。

不要空唱"明日歌"，我们要把今天作为飞向明天的跳板。

昨天是今天的昨天，明天是今天的明天。所以，一天就是三天，这是一个生活的真谛，我们要善于把一天当做三天过！

在对今天的思考中，我们要记住这个时间的辩证法。

其中"昨天是今天的昨天，明天是今天的明天"这一对偶句富有哲理性，又有整齐而对称的音节，听众可以从这样的表达中受到"义"的启迪，也获得"声"的愉悦。

总之，懂得运用这一修辞技巧，它会让你在尴尬或危险的境地中变得主动，会让你平淡无奇的语言顿时趣味横生，进而让你迅速提升语言的魅力！

第 04 章

高效沟通不简单，别忘把幽默带身边

　　一个人无论从事什么工作，无论处在何种地位，与人交往是不可避免的。而现实生活中，无论是谁，都愿意和一个有幽默感的人相处，而不愿和一个整天板着脸毫无趣味的人相处。掌握一些交流的幽默沟通术，不仅能帮助你更好地与他人进行有效的沟通，还能帮助你处理一些特殊的人际关系问题，让你能顺利地摆脱困境，与他人建立和谐的关系，从而赢得别人的信任和喜爱。

运用幽默巧妙化解沟通中的矛盾和尴尬

语言是人们日常沟通的主要方式，语言障碍无疑是人际交往的大敌。人们在沟通的过程中，常常会因为交流不当而陷入沟通障碍，此时，用一句幽默的话将那些不愉快的事付之一笑，使紧张的气氛即刻云开雾散，这就是幽默的力量。

一般来说，沟通障碍的形成原因是多方面的，但无论哪种情况，只要我们具备处理复杂问题的应变能力，便可巧妙化解。具体说来，我们可以在以下几种情况下利用幽默化解沟通障碍：

1.指出别人的过失

幽默是教育最主要的助手，幽默式教育往往比单纯的说教、训斥或嘲弄使人容易接受得多。有时候，我们确实需要以有趣且有效的方式来表达人情味，给人们提供某种关怀、情感和温暖。

2.宽容他人之过

真正的优越感不是来自于争执时占了上风，而是来自于你对别人的宽容。当我们把重点放在宽容的时候，就会忽略其中的恶意和偏执。有了这种轻松的豁达，幽默感自会产生。善于运用幽默是心胸豁达的表现。

3.谈论严肃话题

有了幽默、洒脱的态度，能够巧妙地让对方接受严肃的话题。事实上，正是幽默的言谈，才让严肃的话题有了活力。

幽默展示的是一种温和的态度，因为它是极具生活色彩的。无论遇到什么样的问题，只要我们能巧妙地运用幽默，常常能取得事半功倍的效果。

总之，幽默能够创造和谐愉悦的气氛，使对立的双方发生心理上的转变，消除抵触情绪，使严肃的话题变得轻松，易于为对方所接纳。幽默是一种有价值的思维品质，它表现为机智地处理复杂问题的应变能力。幽默来源于对世间事物的洞察，微笑面对人生中的矛盾或冲突，是处于困境时实现自我解脱的一种方法。其实，在生活中的任何场合遇到沟通障碍，都可以利用幽默巧妙化解，只要你细心观察、多多联想，并注意积累自己的知识，相信你会让生活的每一个角落都充满笑声。

幽默是通向对方心灵的桥梁

我们都知道，语言是沟通的媒介。而幽默可以更好地让语言通向他人的心灵。它可以消除内心的紧张，化解生活的压力，它还可以有效地降低人们之间的摩擦，缓和矛盾和冲突。因此，幽默的语言不仅能打开沟通局面，更是通向对方心灵的桥梁，它能

让你风趣诙谐地表达自己的某种心意，并以最快的速度直抵他人内心深处。

人与人之间心灵的沟通，离不开语言，而幽默正可以填补人们之间心灵的鸿沟，是与他人建立良好关系所不可缺少的东西。

要知道，朋友、同事相聚，最忌一个人唱独角戏，大家当听众。成功的社交应是众人畅所欲言，各自表现出最佳的才能，作出最精彩的表演。为达到这一目的，就必须寻找能引起大家最广泛共鸣的内容。有共同的感受，彼此间才可各抒己见，仁者见仁，智者见智，气氛才会热烈。所以，作为沟通的一方，你应该联系各种因素制造出幽默范围，让沟通进一步进行，以免出现冷场的尴尬。但要做到这一点，你还必须谨记：

1.控制自己的情绪，做个"冷面笑匠"

制造幽默、开玩笑，是要起到让大家笑的目的，为此，关键是你自己不能先笑，更不能提前给听众"打预防针"。假如笑话还未开始，你便说："我讲个笑话给你听，这个笑话可好笑了！"这样，对方便会产生一种心理预留机制，他们在内心，会产生一种想法：你的笑话肯定不好笑，你才会这么说，我就不笑给你看！所以，讲笑话前一定不能提前透露，出其不意才会制造幽默。

2.把握幽默的"处境感"

制造幽默的题材最好要有处境感，如果把有外国处境的笑话直接搬到香港，可能会因为文化差异而让人笑不出来。

拥有深厚的修养才能谈吐幽默

每个人都希望自己成为幽默的人，成为人群中的焦点，能够最大限度地发挥自身的聪明才智。然而，幽默并非天生的，没有人生来就是妙语频出的幽默大师，更多的人需要在成长的过程中不断努力，提升自我的修养、积累更加丰富的知识、增加人生的阅历，才能开阔自身的眼界、锤炼自己的心智，使得自己做到淡定从容，机智幽默。

在公共场合，有些人一张口就会惹人恼火，别说幽默地逗乐他人了。相比之下，那些出口成章、才华横溢的人，说起话来不但头头是道，而且还能引经据典，幽默对于他们更是小菜一碟，信手拈来是常有的事情。那么，他们为什么这么幽默呢？细心的人会发现，幽默的人往往有着深厚的修养。

一个人要想能言善辩，就必须心中有话。就像小学生写作文一样，假如肚子里空空如也，如何能够写出内容充实的作文呢？说话也是如此，而且因为说话的时候往往没有时间进行深入思考，所以说好话甚至比写好作文难度更高。从这个角度来看，我们要想成为幽默的人，就必须首先努力填充自己。否则，一个空虚的人，是无法具备以深厚修养作为幽默的基础的。

有一次，一位男了搭乘公交车出行。因为当时人多拥挤，所以在公交车一个紧急刹车之后，该男子无法控制地撞到一位年轻女子的身上。这个女子转过头来恶狠狠地瞪着男子，怒气冲冲地

说："滚开，德性！"这位男子用手扶了扶鼻梁上的眼镜，毫不愠怒地说："实在抱歉，不是德性，是惯性。"听了男子的话，全车的乘客都哈哈大笑起来，为这个男子风趣幽默的回答叫好。那位年轻女子呢，因为男子以幽默的语言承认了错误，进行了道歉，所以她也怒气消散。

在上述事例中，面对年轻女子的斥责，男子表现出了很好的修养，他没有为自己辩解，而是以"德性"和"惯性"这两个词语准确地解释了自己的行为，并且真诚地向年轻女子道歉。这样一来，只怕这个年轻女子再怎么生气，再怎么歇斯底里，也无法继续斥责他了，尤其是在全车人都发出善意的、理解的笑声之后。

一个幽默的人，一定不会歇斯底里，因为幽默的心使他们能保持乐观和冷静，才不会失去机智和风趣。所以，当遭遇他人的指责或者质疑时，哪怕是在遭受委屈和误解的时候，不要不顾一切地与人争辩，以防事情的结果恶化。既然我们能够采取幽默的方式解决问题，那么幽默当然是我们的首选，当你坚持以幽默地心态对待生活，你会发现自己的命运将会与过去截然不同。让我们学会幽默，与欢笑相伴。任何情况下，我们若能更好地发挥幽默的作用，就能拥有和谐融洽的人际关系，拥有幸福快乐的人生！

把握开玩笑的尺度，凡事过犹不及

尽管开玩笑能起到逗乐的效果，但是幽默和开玩笑、说笑话是完全不同的。幽默应当是高雅的，绝不恶俗，更不低俗，真正的幽默是以机智风趣为自己和他人带来快乐。从这个角度上来说，幽默也应该把握尺度。所谓凡事过犹不及，假如幽默把握不好尺度，就会因为玩笑过度给他人带来不快，甚至导致我们与他人之间的关系恶化，可谓得不偿失。

半年前刚刚喝完小甘与梅子的喜酒，亲戚朋友们就又接到电话，被邀请去参加这对新人的儿子的满月酒。虽然大家都对此心知肚明：小甘和梅子才刚刚结婚六个月，儿子就满月了，一定是奉子成婚，但是大家都保持缄默，毕竟结婚生子是人生大事，也是人生乐事，何必故意调侃伤害他人的颜面呢！

满月酒当天，很多亲戚朋友都提前到场了，等着吉时开席，张云却因为有点儿事情耽误了，直到开席的前一刻才匆匆赶到。看着大厅里黑压压的人群，他不由得脑中灵光一闪，决定和铁哥们儿小甘开个玩笑。只见他把一只包装精美的金笔送给小甘，说："给我大侄子，祝愿他平安百岁，前途无量。"看到是金笔，小甘不由得笑着说："哥们，你这礼物也太超前了吧，我儿了才满月啊，至少要珍藏十年才能用到你这支金笔。"张云突然抬高声调，笑着说："我这个礼物可是因人而异，别人家孩子满月我顶多送身衣服，但是我这个大侄子可是个急性子，居然提早

好几个月与我们见面，只怕很快也就能用上金笔了呢！"此言一出，在场的亲朋好友突然都哈哈大笑起来，小甘夫妇则羞愧得满面通红，尤其是梅子，更是狠狠地瞪了张云好几眼，恨不得找个地缝钻进去。这件事情之后，梅子坚决要求小甘与说话不分场合和轻重的张云绝交，渐渐地，小甘与张云之间也就疏远了。一年之后张云结婚，小甘因为担心张云又说出什么过火的玩笑话，因而只是托朋友带去了礼金，并没有到场。

在这个事例中，以小甘和张云的关系，如果私下里说些玩笑话当然并不为过，但是张云却在小甘儿子满月的公众场合，公然和小甘夫妇开这么露骨的玩笑，看似幽默，实际上却伤害了小甘夫妇的自尊和颜面，当然会招致小甘夫妇的厌恶。这就是幽默过度的后果，不管是玩笑话、笑话，亦或者是幽默，我们都要把握分寸，任何幽默都不能建立在他人的痛苦之上，这是做人做事的基本原则。

每个人都是非常爱面子的，尤其是在我们熟悉和亲近的人面前，人们往往会把面子看得更加重要。因而在与他人交往时，我们必须把握幽默的分寸，即便是关系再好的人，也千万不要以他人的面子为题开玩笑。即使是父母对孩子，也应该在孩子有自尊意识之后多多照顾孩子的颜面，这样才能让孩子在成长中学会自尊自爱。

此外，有些人也许无法做到很好地把握分寸，那么不妨推己及人，从自身出发，想一想：如果别人这样对我幽默，我是否能

够承受？是否会感到欢喜？之后再从他人的脾气秉性等方面进行考虑，从而最终才能准确把握分寸，不至于惹怒他人，使彼此都陷入尴尬，破坏了原本良好的人际关系。

会说笑话，培养幽默感

林语堂说："没有幽默滋润的国民，其文化必日趋虚伪，生活必日趋欺诈，思想必日趋迂腐，文学必日趋干枯，而人的心灵必日趋顽固。"幽默，是人们生活中不可或缺的一部分，但一个人的幽默感该如何培养呢？其实，说笑话就是培养幽默感的一个好途径。会说笑话的人，通常就具备了一定的幽默素质。

在一次酒宴上，小王和小李因琐事争吵起来，当时局面很紧张，不论大家如何劝解，问题始终无法解决。这时，擅长调解矛盾的陈哥就借题发挥，讲了一个笑话："一个人救了上帝的天使，上帝为了报答他，就问：'你有什么愿望吗？'那个人想了想说：'猫有九条命，那您赐给我九条命吧！'于是上帝满足了他的愿望。一天，那个人闲着无聊，就想说，去死一次算了，反正有九条命呢。于是他就躺在铁轨上，任由火车开过去，结果那人还是死了。这是为什么呢？"小王和小李听了这个故事也觉得有趣，就停下来想听个究竟。陈哥接着说："因为那列火车有10节车厢。"

听了这则笑话，刚才正在争吵的小王和小李也不由自主地笑了起来，紧张的气氛一扫而光。陈哥所说的笑话不仅化解了当场的矛盾，还让大家感到愉悦，酒桌上的其他人员顿时对陈哥肃然起敬，心底里感到十分佩服，于是，酒桌上恢复了一开始的欢乐气氛。

会说笑话是一个人幽默感的体现，而利用笑话巧妙解决问题、处理尴尬更是一个人智慧的彰显。但是笑话也不是平平淡淡讲出来就能奏效的，这需要一定的语言技巧，否则，你就无法给人带来欢乐。

说笑话是讲究技巧的，如果你在谈笑中把话说得过于平淡，那就很难达到预期的幽默效果，同时，你也会因为自己说出的无效的笑话感到尴尬、无趣。其实，说笑话培养幽默感不仅需要语速、节奏方面的技巧，在语言表达、态度等方面需要注意的还有很多。如果你能把说笑话的分寸拿捏好了，那你的幽默感就会有所提升了。

1.把握好分寸

在生活中，不少人在开玩笑时往往把握不好分寸，结果弄得彼此很尴尬，不欢而散，影响了彼此的感情。其实，不是在任何场合都可以随便开玩笑的。玩笑应在某些特定的场合和条件下发挥，并一定要注意一些原则和禁忌。

2.不要太矫揉造作

说笑话要真实自然，而不能矫揉造作。如果你整天冥思苦想

怎样才能引人发笑，这样就势必会说得牵强附会，讲得不自然，缺乏真实感，结果弄巧成拙，使人啼笑皆非。这种笑话不可取。

3.避免触犯他人忌讳

装腔作势、刺人隐私、笑里藏刀、指桑骂槐、牵强附会，含糊其辞等，皆为说笑话之大忌。这样说出的笑话，不仅达不到幽默的目的，还往往使人哭笑不得。所以幽默时切记不要触犯这些忌讳。

4.面对冷场要会自我救急

说笑话时要注意，如果你说完却无一人发笑时，你只好捧自己的场，自己纵声大笑，这样，才不会出现冷场的气氛。当你做出一个救急措施的时候，对方也会因为你当时的可爱举动而大笑一场。

也许大家有这样的体会，面对某一会场的紧张严肃，一个笑话，立马会让气氛活跃、轻松；对于两人的交谈，一个笑话，会让对方开怀大笑，有笑声的交流，也会让感情迅速升温。无论何时也不要忘记，说笑话，是当今社会交往中不可缺少的艺术。

幽默表达不同观点，避免他人的负面情绪

每个人都是这个世界上独一无二的存在，不但脾气秉性各不相同，而且兴趣爱好、教育背景、成长经历等，也各不相同。因

　　而当不同的人在一起交流时，难免会有意见不统一或者是观点相悖的情况。每当面对这种，我们与其针尖对麦芒、寸步不让地与他人针锋相对，不如调整心态，以和平的方式委婉表达自己的不同观点，避免与他人发生争执，从而引起他人的反感。这对于经营和维护良好的人际关系，是非常重要的。

　　那么，如何恰当表达自己的不同观点呢？幽默就是一种很好的表达方式。我们首先要了解一点：没有人愿意被他人否定，也没有人愿意接受他人的批评和指责。而否定他人的观点，提出自己的观点和意见，恰恰就是某种形式上的不认可，这是任何人都不愿意接受的。有很多人脾气直爽，总是毫不掩饰自己对于他人观点的否定，并且马上提出自己的观点，这样当然是不受人欢迎的。其实，很多事情如果换一种方式去做，就会给人不同的感觉，很多话如果换一种方式去说，也不至于招致他人反感。只要我们多多用心，在表达自己的不同观点之前先认可他人的观点，然后再以幽默的方式说出自己的观点，那么我们就不会那么惹人生厌，也不会与他人关系紧张。

　　从前有一个国家的，那里的人们聪明而有富有幽默的智慧。有一次，一条公路因为年久失修，出现了一个巨大的坑洞，导致村民们出行很不方便。思来想去，村民们萌生了一种想法，即让政府修路。但是，直接给政府提意见也许会事与愿违，甚至还可能因为不小心得罪政府而损害村民的利益。因而，很多智慧的村民汇集在一起，集思广益。最终，他们想出了一个好办法。那就

是邀请摄影艺术家为这个大坑拍摄趣味横生的照片，这样不但如实展示了大坑之大，以及大坑对人们正常生活带来的影响，而且也不会涉嫌批评政府不作为。果不其然，艺术家拍摄的一组照片中，有婴儿在大坑里游泳的照片，有大象在大坑里洗澡的照片，还有穿着比基尼的美女在大坑旁边进行日光浴的照片。政府相关的负责人看到这组照片觉得很有趣，马上就安排相关人员去进行实地查看，并且在最短的时间内修补了大坑。看到问题如此顺利地得以解决，村民们高兴极了。

在这个事例中，假如村民没有采取这样幽默的方式反映现实情况，表达不满，而是直截了当地批评政府不作为，那么事情的解决一定不会这么愉快而顺利。西方有句谚语，叫做条条大路通罗马，这句话原本用于形容罗马城非常繁华，有很多道路可以到达，但是我们也可以将其意味进行引申，即"曲径通幽"，当直路走不通的时候，我们也可以绕个弯，最终到达目的地。

现实生活中，我们总是会有与他人意见相悖的情况发生。每当这时，直接说出自己的想法而无视他人的想法，或者与他人针锋相对、各执一词，都不是最好的解决方法。我们不但要达到预期的目的，更要讲究解决问题的方法，这样才能兼顾各方面，让事情变得圆满。

第05章

调节氛围这件事，幽默做起来最拿手

在日常生活中，无论何种场合，我们并不能完全把握沟通的方向。因此，我们难免会陷入沉闷、尴尬的境地。此时，如果我们能适时开个玩笑，往往能调节气氛，使紧张严肃的情境变得轻松，使陌生的心灵变得更亲近。同时，幽默还意味着一种诙谐，一种才华，一种智慧，使人们能置身于轻松有趣的环境中，而又能领悟哲理，那些善于通过幽默调节气氛、营造氛围的人，往往在交际中都能左右逢源、游刃有余！

幽默在任何时候都是营造轻松氛围的最佳方式

生活中，任何交际场合，人们都讨厌沉闷的氛围，而喜欢轻松的气氛。无论是新朋友还是老同事、老同学，如果见面时找不到共同话题，都会使得气氛沉闷。在沉闷的氛围里，人容易紧张，这时做什么事都会觉得不自在，这样是不利于交往以及问题的解决的。所以摆脱沉闷的气氛无疑会推动友谊的升温、情感的发展以及问题的解决。用一个小笑话、一句恰到好处的幽默快语来调节一下此刻的氛围，对摆脱沉闷、促进交流是个不错的选择。

幽默不仅可以破除沉闷的气氛，还可以消除紧张情绪，解除人生压力，提高生活品质。它可以打破人与人之间的隔阂，使我们和他人相处不至于紧张；它可以化解冰霜，使我们获得益友；它还可以使我们精神振奋，信心倍增，使我们摆脱许多不愉快的事情。

豁达、自然、轻松的幽默方式可以使阻碍自己走向成功的矛盾变得缓和，从而避免出现令人难堪的场面，化解彼此之间的对立情绪，使问题得以更好地解决。人们可以凭借幽默的力量，打

碎束缚自己的外壳，主动地与人为善，感受到人际交往中的坦白、诚恳与善意。

现代生活中，尤其是现代都市生活中，紧张、高节奏的运作，往往容易使人变得机械化；而幽默，能帮助你打破常规，享受创造的快乐。这种开拓性的创造思维，往往要突破固有的逻辑关系，有时甚至显得荒诞不经。然而，使人跳出原有的思维模式，找到新的创造契机的，正是幽默这股神秘的力量。

的确，幽默对调节氛围的效果是明显的，但是幽默不是信手拈来的，也不是那么容易就取得良好效果的。这需要不断地学习、积累。

首先，要用知识不断地充实自己，没有丰富的知识，很可能搞不清对方在说什么。不恰当的幽默还不如选择沉默，缺乏素材，找一些牵强附会的说辞会让人不知所云。

然后，要在实践中不断地历练自己。能淡定处事的人往往有着丰富的人生阅历，经历少的人则很可能在特定的场景出现思维短路、呆若木鸡的情况，更别提谈笑风生、风趣幽默了。所以，要有相当的学识和丰富的经历才能在关键时刻气定神闲、妙语解颐。

因此，把"因幽默的力量而享受趣味"加在你的日程表上，学会生活得更快乐，以轻松的心态面对自己，而以严肃的态度面对人生，掌握你自己的幽默力量。

你来我往，运用幽默互动点燃气氛

生活中，我们常常被那些相声艺术家的幽默表演所逗笑，相声之所以有这种强大的魔力，是因为它本身就是一种互动式的幽默。在沉闷、紧张的场合，人们如果能互相开开玩笑，现场的气氛马上就会被调动起来，而"你来我往"的幽默则会让气氛迅速升温。我们先看看赵本山的小品《昨天、今天、明天》。

宋丹丹："我年轻的时候那绝对不是吹，柳叶弯眉樱桃口，谁见了我都乐意瞅。俺们隔壁那吴老二，瞅我一眼就浑身发抖。"

赵本山："哼，拉倒吧！吴老二脑血栓，看谁都哆嗦！"

这里，宋丹丹用了一连串的词语夸张地形容自己，并使用"浑身发抖"这一词语，制造了幽默，但实际上，"浑身发抖"既可以是正常人心情激动时的表现形式，也可以是脑血栓患者难以控制的生理活动的表现形式。宋丹丹故意误解，赵本山刻意揭开，在这一来一往中，观众一旦体会到了宋丹丹的"失误"，当然要笑。

从这一小品中，我们也可以得到启示，日常生活中，我们不但要学会制造幽默，还要懂得领悟别人的幽默，并"配合"他人，让幽默升级，但周围的人都能开怀一笑。

的确，现实生活中，面对繁重、压抑的工作和生活，我们不必太过严肃，偶尔和他人开个玩笑，并巧妙回应他人的玩笑，幽默气氛便能被调动起来。

幽默也能制造出浪漫氛围

我们都知道，爱情是我们生活的一部分。有人说："爱是需要表达的。"但爱情的表达本无定式，可以直率也可以含蓄。中国人大都习惯以含蓄为宜，一是使得话语具有弹性，不致于由于对方一拒绝就不能挽回局面；二是符合恋爱时的羞怯心理；三是符合我国传统文化。正是由于这样，幽默作为一种含蓄的语言形式，常常被用来在恋爱生活中表达爱的情感，使人在欢笑中体会到彼此的爱。

在两个人的世界里，幽默可以发挥令人意想不到的效果，它可以增进恋人之间的感情，调节气氛，制造亲切感，它还可以消除疲劳和紧张感，使两个人都能够轻松、快乐地面对生活。

硕士美女陈丽要结婚了，一向交友广泛的她，在身边众多男子中选择了李飞作为交换婚戒的对象。得知这个消息后，她的几个死党大感诧异，因为李飞既不是最帅，也不是最有钱的男友。为什么是他？陈丽乐得合不拢嘴："这个简单，因为他最能让我笑，最懂得浪漫！"

原来如此！他是以幽默感赢得了美人芳心，笑出婚姻，的确精彩。

接下来，陈丽聊到她和李飞谈恋爱的过程。

一天，他们坐在公园里。

李飞："我的许多朋友都说你很漂亮。"

陈丽（非常高兴地）："真的吗？"

李飞："可他们又说其实你不漂亮。"

陈丽（吃惊地）："哎哟！"

李飞："是说你不是漂亮，而是迷人。"

陈丽（略喜）："是吗？"

李飞："不过，你只能迷住那些没有经验的男孩子。"

陈丽（失望且困惑）："怎么说？"

李飞："因为你跟他们一样年轻，一样纯洁，一样朝气蓬勃，一样活泼可爱。"

陈丽：（心花怒放地）："哈哈哈，你真坏！"

的确，那些在女人面前很"吃得开"的男人，不管长相如何，都有一套逗人发笑的本领。只要一与这种人接近，就可以立即感受到一股快乐的气息，使人喜欢与他为友。一个整天板着面孔，不苟言笑的"老古板"，通常不会受到女孩子们欢迎的。不少情感心理学研究者认为，由于男人平时比女人话少，所以，男人的语言的分量就更被女人所注意。不少男人也正是利用幽默的手段来填补自己语言的匮乏，所以，他的魅力便永驻于人们对他的幽默的回味之中。案例中的李飞能赢得芳心，原因也不外乎他善于通过幽默制造浪漫的恋爱氛围。因此，在你的情人面前能有幽默的智慧和情趣，既可以共享欢乐，又能更好地得到对方的爱情。

人们都清楚，微妙的男女关系里，有不少微妙的心理因素支

配着每一个细微的行动，如果你有技巧地掌握和运用这些因素，你就将所向无敌、胜券在握。

其实，幽默不是男人的专利，只要把握适度，女性也不妨在适当的时候"幽默一把"。任何游戏，都必须在理性和情感彼此感应下，产生共鸣、产生乐趣和情趣。而幽默用于情爱和生活，由于条件有利，比之靠纯粹游戏而产生趣味要容易些。双方都有取悦对方的意愿，只要一方做出努力，对方一点即通，自然生趣，爱的情感自然会又进一步。

总之，幽默是爱的伴侣，是爱的守护神。如果你懂得在爱中运用幽默，你最终将会有情人终成眷属。

故意曲解，打破尴尬

人与人在交往的过程中都需要依靠语言进行交流，因为彼此脾气秉性各异，也因为每个人的成长背景、教育经历以及各种观念都不尽相同，所以人与人进行交流时总是难免产生摩擦，也会使双方都感到不愉快。对于这种情况的发生，实际上很容易理解，就像机器运转时间久了需要加入润滑油以起到润滑作用一样，人与人之间也需要时不时地润滑一下，这样才能保证人与人之间的关系更加和谐融洽，也不至于因为那些鸡毛蒜皮的小事产生不可调和的矛盾。

当然，调和人际关系、融洽气氛并非我们想象中那么容易，很多时候，作为打圆场的人我们必须非常机智幽默，而且能够以各种心思巧妙地四两拨千斤，这样才能最大限度地发挥我们自身的能量，也使他人感到更加愉快。

在毕业十年的大学同学聚会上，姜昆突然向几个同学索要手机号码。那几个同学不由得丈二和尚摸不着头脑，说："号码没有换过啊，还是大学时期的号码，你不是有吗？"这时，姜昆突然有些尴尬地说："哎呀，我最近新买了个新手机，结果被小偷瞄上了，没用几天就被偷走了。这不，手机上的电话号码全都丢失了。"但是姜昆还有其他同学的号码，难道独独缺了这几位同学的？大家其实也心知肚明，因而气氛有些难堪，大家都陷入沉默之中。这时，心明眼亮的丽娜笑着说："姜昆啊，你丢了手机也就罢了，谁让你挣钱多呢，再买就是了。但是和手机一起把号码也丢了可就不好了，这岂非是把人都丢尽了么，好说也不好听啊，是不是？"在丽娜的调侃下，气氛这才活跃起来，大家全都你一言我一语地调侃姜昆，之前的尴尬也渐渐烟消云散了。姜昆呢，因为丽娜为他解了围，所以他非但没有责怪丽娜，反而对丽娜心生感谢，更是跟着大家也一起调侃自己，他的难堪这才消除，脸色也由阴转晴。

人与人交往，也许哪句话说得不对，气氛马上就会陷入沉闷和尴尬之中。在这种情况下，我们必须随机应变，哪怕是以调侃的方式，或者故意曲解他人的方式，也必须要打破尴尬，让人与

人之间的坚冰消融。在上述事例中，姜昆因为丢了几个同学的号码，所以向同学索要，却不料引起同学误解，因而导致关系突然如同冰封。幸好丽娜脑子转得很快，马上以刻意曲解的方式故意调侃姜昆，这才打破尴尬，让气氛重新活跃起来。假如没有丽娜的故意曲解，也许大家就会都误解姜昆，甚至与姜昆产生隔阂，伤害同学情谊，可谓得不偿失。

当然，以故意曲解的方式给自己和他人解围，打破尴尬，必须非常了解当时事情的前因后果，因而才能避免犯错。有的时候，有些人突如其来说话莫名其妙，则非但无法给他人解围，还会让自己也陷入尴尬的境地。此外，在与陌生人交流时也应该多多注意，在不了解他人脾气秉性的情况下，最好不要以故意曲解的方式与他人开玩笑，否则一旦他人恼羞成怒，则会得不偿失。总而言之，任何方法用在与人交流的过程中都应该慎重，唯有如此，我们才能最大限度发挥语言的魅力，让巧妙的语言为我们的生活增色。

"损" 一下自己，也许能够使人 "爆笑"

几乎每个人都想要充分表现出自己的优点和长处，而隐藏自己的缺点和短处，这是为什么呢？因为人的本性就是希望得到他人的认可、尊重和赞赏，而不喜欢被他人批评和否定。在这种情

况下，人人都高兴地迎接赞美，而愁眉苦脸地面对批评，其实，当我们的内心足够强大，赞美和批评也就不会继续严重影响我们的生活。尤其是当我们能够坦然地面对自己的不足，甚至以自我调侃的态度嘲笑自己的不足时，往往能够使得他人更加感受到我们强大的气场，也会因此产生笑声不断的效果。

真正自信的人就是这样的强者，他们从不畏惧自曝短处，甚至还会偶尔自我调侃、自我嘲笑，从而给人留下低调而又谦虚的好印象。从本质上来说，只有能够摆正自身位置，谦虚对待他人的人，才不会自视甚高，才能主动调侃自己。此外，假如这个用于自我调侃和贬损的人，恰恰是是有身份有地位有影响力的人，那么他的自我贬损则会起到更好的效果，使人深切感受到他的平易近人、亲切随和，也体现了他从不居高自傲，而是非常贴近群众的个人风格。举例而言，例如那些大明星，往往有很多粉丝，也有很多坚定不移的拥护者和追随者。假如他们清高孤傲，总是拒人于千里之外，那么他们必然不会人气很旺。相反，假如他们经常接近粉丝，甚至以自己作为调侃在见面会上与粉丝打趣逗乐，那么粉丝怎么会不继续坚定不移地支持他们呢？曾经，作为大明星的何润东，就以调侃自己的方式很好地应对了危机，也把自己宽容大度、风趣幽默的一面展示给了所有人。

2014年初，《芙蓉镇》在北京杀青，举行了媒体见面会，导演携诸多演员到场。现场，有很多闻讯而来的媒体，对导演以及演员们进行了提问。作为《芙蓉镇》的主演，何润东当然受到高

度的关注，对于每个记者的提问，他都非常耐心地回答。然而，正当何润东满脸笑容地回答完问题时，一位记者突然站起来带着挑衅的意味问："前段时间，某知名网站根据网友投票结果发布了亚洲最丑明星排行榜。吴莫愁被评选为最丑明星，位列第一，至于你——何润东，则紧随其后，位列第二，对此，你有何看法呢？"

这个问题一提出，大家都感受到现场充斥着火药味，毫无疑问，这个记者正在公然挑衅何润东。这个问题使人很难回答，一时之间，现场的导演和演员们，也都不知道如何作答，因而现场马上陷入尴尬之中。出乎大家的预料，何润东非但没有感到恼火，反而面带笑容地说："当然，我知道这个榜单。看到自己能够博得大家的欢笑，这的确是使人高兴的事情。不过，让我唯一感到遗憾的是，我为何不是第一呢！假如我是第一，我也好歹在亚洲夺得了冠军，也不枉我这张脸多年来始终不离不弃地跟随着我。"

何润东话音刚落，现场就爆发出热烈的掌声，在场的人无一不为何润东的机智幽默所折服，也为他敢于自嘲的精神钦佩不已。

作为一个知名的男明星，居然被当着很多媒体的面指责为亚洲第二丑的明星，这无疑使人感到难堪和尴尬。尤其是当记者恶意公然挑衅时，更让人无从回答。幸好，何润东内心足够强大，为人也非常宽容，再加上他的机智幽默，无疑是他做出了最完美

的回答。面对这个敢于自嘲以娱乐大众的何润东，每个人都在暗暗佩服他的勇气和智慧，也在赞赏他的幽默和风趣。这个居心叵测的问题，非但没有让何润东不知所措，反而给了何润东很好的机会展现自己的风度与气质。

在这个世界上，绝没有绝对完美的人存在。每个人在面对自己的弱点和不足时，其实完全没有必要妄自菲薄，或者感到自卑。因为每个人都是有缺点的，既然如此，我们又何必为自己的缺点耿耿于怀呢！从现在开始，就让我们更加努力地面对人生吧，只要我们不自卑，只要我们的内心足够强大，缺点非但不会成为我们的弊端，反而能够帮助我们娱乐大众呢！就连大明星何润东都能坦然接受他人的苛责，我们又为何不能呢？真正的强者不但敢于面对他人的挑衅，更敢于接纳和坦然面对自身的不足，这样才能更加从容不迫，淡定平和！

结合情境制造幽默，产生绝佳效果

在语言表达的过程中，幽默并非独立存在的。正如很多细心的朋友所发现的那样，当我们欣赏一首独立的歌曲时，很难因为其中蕴含的感情而感动，但是当这首歌曲变成了某部电影的主题曲或者是某部电视剧的插曲，那么在我们欣赏具体的影视剧情节之后，这首歌似乎也变得魅力无穷，更能够打动我们的心扉。难

道是这首歌变了吗？没有，它的歌词、曲调等等都没有改变，甚至连唱歌的人也都没有改变。真正改变的是我们的心境，我们因为观赏影视剧的时候投入其中，注入感情，导致在听这首歌时也会情不自禁地想起影视剧中的情节，甚至还会联想到自己的生活，由此一来，我们怎能不深深感动呢！

和歌曲一样，幽默要想起到最好的效果，同样也需要配合情境。人是富有感情的动物，任何时候"情"都是我们为人做事的根本。现实生活中，很多人试图说服他人，但总是非常生硬，带着命令的语气。殊不知，没有人愿意被命令，也没有人喜欢接受他人发号施令。真正的说服是以情动人，这样才能让对方心服口服。很多顶级的演讲家，都是因为善于营造情境，引起观众的共鸣，才使自己的演讲起到了预料之外的效果。因此，当你们常常为自己的幽默不能使人捧腹大笑苦恼的时候，不如反思自身，是否让幽默在合适的情境中发挥最佳的效果。如果你们还不曾做到这一点，那么而一定要抓紧时间努力提升自我了！

我们每个人都希望以幽默风趣成为人群中的焦点，也得到朋友们的认可和喜爱。然而，当幽默变得不合时宜，就会导致事与愿违，甚至产生严重的后果。任何时候我们都要记住，开玩笑或者是玩幽默，一定要分时间、场合与对象。在恰当的时间和场合下，也许一句平淡的话就能逗得人们捧腹大笑，但是在不合时宜的时候，即便是再怎么好笑的笑话，也无法起到预期的效果。

第06章

缓解窘境用幽默，尴尬局面可化解

生活中，我们难免遇到尴尬和窘境。此时，幽默这一令人发笑的解决方式就变得十分重要，幽默是一种智慧，凡是能操纵最高级的语言艺术——幽默的人已经是"智力超群者"，而能使用这一方式解决尴尬窘境的人更是堪称情操纵场上的"无冕之王"。当然，幽默是一种极具创造性的本领，要随机应变，根据对象、环境及霎那间的气氛而制定出不同的幽默口才方案。

遭遇尴尬，幽默能帮忙

在社交场合，由于自己的不慎，有时我们会处于比较难堪的境地；或者我们遇到了缺乏教养的人、不怀好意的人、对我们有敌意的人，致使我们陷入比较难堪的困境。在这种情况下，如果我们抽身而退，固然可以逃离困境，但当了逃兵，总是不光彩的，也会给自己日后的社会交往带来消极的影响。经验告诉我们，遇到这种情况，只有自己才能救自己，用自己的智慧来展示自己的幽默，三言两语就能使自己摆脱困境，维护自己的尊严，给对方以有力的回击，从而也把自己的人格魅力充分展现了出来。

当然，我们所遇到的困境，有时并非他人恶意地制造，而是由自己的不慎，但即使是在这种情况下，我们也可以幽默一下，化解因为误解而造成的人际冲突。

的确，每个人都可能遇到一些令自己心绪不宁的事，总是会让自己惴惴不安，甚至会不知所措，此时，巧妙地运用语言的艺术便可让自己摆脱困境。遇到他人的挑衅和攻击，幽默更是个很好的反击手段。这些言辞可能是暴烈的，也可能是冲突的，更有

可能是平和的，但无论哪种言辞，都是一种方法，关键是看用在什么样的处境和心境当中。这就涉及一个具体的环境和方式，对于矛盾的处理方法，以及人际关系的未来走向和把握。

以幽默法帮助我们逃离困境的首要条件是幽默必须有笑点可言。当然，这里的幽默并不是指的一般意义上的滑稽可笑，而是指由于揭示了内容与形式、现象与本质、愿望与结果等内在矛盾而产生的一种耐人寻味的情趣。这种笑点不是粗俗的，而是高雅的。

幽默，在于机智和急智，于人的心理、心境和性格关联较深。如果强求一个语言木讷的人幽默，不仅大打折扣，而且不知所云，必然失去意义。同样，强求一个强势暴怒的人幽默，幽默也会成为利剑，效果只有强势。

总之，幽默着对待人生，幽默地对待矛盾，幽默让自己放松，幽默让对手赧然。

顺水推舟，妙用幽默摆脱难堪局面

我们在说话办事的过程中，常常由于各种原因而陷入一些矛盾之中，此时，如果我们能顺水推舟，沿着别人的意思顺延下去，那么，常常会制造出"柳暗花明又一村"的幽默效果。

生活就像巧克力，没有人知道下一颗是什么味道。面对尴

尬，多一点点自信，你就能灵机一动，把别人给你出的难题顺水推舟地还给对方，用幽默的应答让对方对你刮目相看。

当然，要利用顺水推舟的方法制造幽默，解除危机和矛盾，还需要我们从一些逻辑思维方法上入手：

1.逻辑推理，以理服人

以与自己相关的生活理论做"挡箭牌"，符合逻辑，轻松说服对方。

作家对厨师说："你没从事过写作，没有权利对我的作品提出批评意见。"

厨师对作家说："我一辈子也没下过蛋，可是我能尝出炒鸡蛋的味道如何，母鸡能吗？"

厨师根据逻辑推理反驳作家，既阐明了道理，又让作家自食其果，哑口无言。

2.将错就错，随机应变

既然无法正面辩解，那么不如将错就错，随机应变地阐释有悖于常理的哲学，以此方法"化腐朽为神奇"。

当然，这里的顺水推舟，顺的是自己的水，是本着解决自己无意酿造的危机为目的的。

3.先发制人

危机和矛盾激化后再处理，难免会加大解决问题的难度，也可能会造成对方心理上的抗拒，所以应做到先发制人，在危机出现之时就采取措施。

　　罗斯福在当选美国总统前，曾在海军任要职。一天，他的一位朋友向他打探海军在加勒比海一个小岛上建立海军基地的保密计划。罗斯福向四周看了看，压低嗓门说："你能保密吗？""当然能！"朋友爽快地答应了。"那么，"罗斯福微笑地说，"我也能。"

　　罗斯福以怪制怪的反向思维确实应用得恰到好处，既让对方明白了自己的态度，又对对方这种行为的不合理性加以反驳，甚为高明。

　　无论什么场合下，当遇到矛盾和危机的时候，我们都需要以高度的机智、敏锐的眼光找到解决问题的方法，然后轻松地开个玩笑，有时候，问题便迎刃而解！

运用幽默语言来降低"摩擦系数"

　　人际交往中，人与人难免会发生摩擦、矛盾，每个人都难免遇到一些令人难堪或尴尬的场面。此时，有些人极易生气和激动，甚至对他人恶语相向、讽刺打击；有的人则茫然无措、不知如何应对。实际上，如果我们能用幽默的语言技巧，那么，便能轻松地"化干戈为玉帛"。因为幽默的语言可以使我们内心的紧张和重压释放出来，化作轻松一笑。

　　因此，在沟通中，幽默如同润滑剂，可有效地降低人与之

间的"摩擦系数"，化解冲突和矛盾，并能使我们从容地摆脱沟通中可能遇到的困境。

可见，幽默的语言往往给人以诙谐的情趣，使人在笑意中有所领悟。幽默是缓解紧张、消除畏惧、平息愤怒的最好方法。

有一个人非常有幽默感。有一天他开车，在一个狭窄的小巷与另一辆轿车相遇。两辆车都停了下来，但谁也未先给对方让路。不一会儿，对面车的司机竟拿出一本厚厚的小说看了起来，还悠哉地哼着流行歌曲。此人见状，从车窗探出头高声喊道："喂，老兄，看完后借我看看啊！"就这一句幽默的话，逗得看书的司机哈哈大笑，主动倒车让路。后来让车的司机主动提出交个朋友，就这样两个交换了名片，成为了好朋友。

幽默不但化解了矛盾，而且让两个人成为了朋友，皆大欢喜。

而在现实的人际交往中，当矛盾发生时，那些缺少幽默感的人会把事情弄得越来越僵，而幽默者却能使一切变得轻松而自然。有一个故事谈到，当发现餐厅侍者送上来的一杯啤酒里有只苍蝇时，不同国家的人作出的不同反应是这样的：

英国人以绅士的风度吩咐侍者："换一杯啤酒来！"

日本人令侍者去叫餐厅经理来训斥一番："你们就是这样做生意的吗？"

中国人把意见写进意见簿。

沙特阿拉伯人则会把侍者叫来，把啤酒递给他，然后说：

"我请你喝。"

美国人说："以后请把啤酒和苍蝇分开放，让喜欢苍蝇的客人自己混合，你看怎么样？"

当然，这只是一个虚构的故事，但却形象地反应了美国人在对待社交矛盾上的一种态度，他们更善于利用幽默解决问题。

的确，幽默是人际交往的润滑剂，一句幽默的语言能使双方在笑声中相互谅解。

幽默在交际中的作用是显而易见的，它可以使人际关系变得轻松、和谐，富有情趣，让人们在一种轻松愉快的气氛中进行交往。假如你是个幽默的人，假如你善于用幽默化解人际间的矛盾冲突，使双方摆脱窘境，那么，你的言谈举止就能够吸引别人，你在人际交往中也会如鱼得水。

当然，做任何事情、说任何话，都有一个"度"的问题，幽默也是如此。场合、对象都是必须考虑的客观因素，不少人有过这样的体会：同一个玩笑，你可以同甲开，却不能对乙开；或是在某场合可以说，而在其他场合却不行。尤其是对于长辈或初识的人，幽默一定要慎用，否则很容易让人感到是一种唐突，或者会被认为是在卖弄聪明与笑料。有时，幽默过了头，就可能产生物极必反的效果。

幽默的人应具有豁达的胸怀，广博的学识，机敏的应变和良好的修养。只有做这些，才能将幽默运用自如。幽默者不仅使人乐于接受，也使自己身心愉悦，获益匪浅。

运用幽默，让你的错误顿时可爱起来

人生是条单行线，生活不能彩排。遭遇尴尬或造成尴尬的情况都是难免的。尴尬往往具有突发性，令人猝不及防，叫人狼狈不堪。然而，尴尬的出现也并非是有人故意使绊，有时候，也是由于我们自身疏忽造成。此时，如何应对尴尬是一门不小的学问，具有应用性和实践性，反映出一个人的修养、机敏和智慧。那么，如何将尴尬巧妙化解呢？幽默不失为一种行之有效的方法。一句玩笑话，也许会让你的错误也变得可爱。

遇到尴尬时，可以通过戏谑来舒缓气氛，创造一种轻松的氛围，尴尬自然荡然无存。在公共社交场合，恰当的幽默会使你魅力倍增。

生活中，总有些人像个火药桶，一碰就爆炸，为了微不足道的小事，轻则张口吵架，重则挥拳打架，这样做往往会把矛盾激化，让小事变成大事在紧张、不快、尴尬等不利的状况下，发怒往往不能解决问题，只会让事情变得更糟，也很容易让自己与别人起冲突。而这种冲突的结果就是，该表达的没表达清楚，反而说了很多情绪化的语言，让自己显得不成熟。而一个不成熟的人的言行，有多少可信度呢？

退一步海阔天空。其实，在日常生活中难免会遇到些小的尴尬，不过只要你保持沉稳的心态对待，用幽默来化解，不但不会产生不快，还能让气氛变得轻松，人与人之间的关系变得融洽。

幽默的第一步，就是先学会敞开心胸，拿自己开开涮，而不是费尽力气自我吹嘘，自我标榜。开自己玩笑，是从平凡的、趣味的、不甚完美的角度来观看自己，让别人有喘一口气的机会，也让自己与他人的距离感迅速消除。

在处境尴尬时，用自嘲来对付窘境，不仅能很容易找到台阶，而且多会产生幽默的效果。所以自我解嘲，自己先笑起来，是很高明的一种脱身手段。

比如，一位胖子摔倒了，可说："如果不是这一身肉托着，还不把骨头摔折了？"换成瘦子，又可说："要不是重量轻，这一摔就成了肉饼了！"

对付尴尬和难看的局面，要想摆脱窘境，就要及时调整心态，做到提得起，放得下，想得开。这样不仅可以使自己不满的情绪得到平衡和缓解，还可以使别人对自己有一种全新的认识。

幽默法打圆场，助你化解尴尬局面

在一辆拥挤的公交车上，有人说"不要挤了行不行，急着去赶死呀？"话一出，车里的人反感得不得了，甚至还有人故意去挤推；又有个人说了："哎呀，大家要稳住啊，我马上成相片了。"此话一出，所有人都笑了，于是大家都尽力保持姿势，避免拥挤，紧张的气氛一下子缓解了。

在我们的工作和生活中，往往会遇到许多尴尬的事情，如何化解难堪，可以体现出一个人的智慧和人格魅力。一个具有幽默感并且善于用幽默的方式处理尴尬之事的人，会在交际中深受他人欢迎。

幽默具有神奇的力量，能为你带来意想不到的收获。善于运用幽默的语言来处理人际关系的人，往往能够更好地消除负面情绪，营造出融洽的气氛。幽默让你更受欢迎，使别人乐意与你接触，愿意与你共事，它是你人际交往中的润滑剂。

不管你多么有智慧，生活中都不可能完全避免尴尬，因为你永远无法准确预知未来。所以说，你需要做的就是充实自己的头脑，不断寻求好的方法来解决问题，化解尴尬。幽默是化解尴尬的一个好方法，那除此之外，你还知道哪些呢？

1.将错就错

生活中如果一个人做事情不小心让两个人同处在尴尬之中，那么这个时候最好的办法就是将错就错，这样可以让彼此在一笑之中化解尴尬的局面。

2.偷换概念

偷换概念是指把本来不同的两个概念混同起来，故意制造概念的混乱，比如故意用一个意义相近的彼概念来代替此概念。如果能够巧妙地进行概念的偷换，也会起到缓解尴尬、活跃气氛的良好效果。

3.空泛回应

现实生活中，难免被人问到禁忌之处，比如有人问到了你的工资，可是你觉得这是个人隐私，又不好指责他，就可以说："刚刚维持生存啦""算是进入小康了"等，或者可以说："和你的差不多。"这样说话既不会得罪人，也保住了自己的隐私。

只要我们善于发现，生活中可以制造幽默的机会其实很多，当你懂得幽默的时候，你就能快速走出无奈的窘境，就能顺利摆脱自己失态的尴尬，就能让生活更为和谐、顺心。幽默是一个人能在生活中发现快乐的特殊的品质。具有幽默感的人可以从容应付许多令人不快、烦恼、甚至痛苦悲哀的事情。

自嘲是幽默达人的交际利器

幽默，是一种语言艺术，而且属于是聪明人的艺术，那幽默的最高境界又是什么呢？不妨直接告诉大家：是自嘲。当一个人处境困难或者陷于尴尬的境地时，如果能够巧妙运用"自嘲式幽默"，就可以化险为夷，渡过难关，还能在无伤大雅的情形中处理好问题。

人际交往中，在人前蒙羞，处境尴尬时，用自嘲来对付窘境，不但能很容易找到台阶，而且多会产生幽默的效果。所以说自我解嘲是很高明的一种脱身手段。就这份气度和勇气，定会让

别人对你刮目相看。

自嘲是一种别样的搞笑，善于自嘲的人也是深谙幽默之道的口才艺术家，他们往往有着良好的修养。如果面对突如其来的意外，遮遮掩掩，那么你给人留下的印象会大打折扣；但如果顺着这个话题大做文章，就地取材，则会给人留下深刻的印象，使你更加受人欢迎。

1.懂得自知和自爱

自知是指自我判断、自我认定和自我评价。如果一个人不能了解自己，便会盲从，难免闹笑话、出洋相，而只有一个接纳自己、爱惜自己、重视身心健康、珍惜自己品德和荣誉、能够自爱的人，才能用适度的自嘲替自己解围并保护自己。

2.注意点到为止

自嘲具有"嘲人"的刺激作用，运用时应格外慎重。通常情况下，应是"点到为止"，让人意会即可，不能一味放纵，喋喋不休。如同用过量的卤水点豆腐，会使豆腐变得苦涩一样，过分的自嘲，也会导致交际出现危机。

3.不计较生活琐事

如果事事放在心上，那么一个人的心该有多累。谁都会遇到一点点小尴尬，但是这又怎样呢？一笑置之不就可以了吗？如果刻意在乎，那就是在自己的伤口上撒盐，能不难受吗？

4.记得保持微笑

心理学研究表明：情绪与人的表情有关，如果你做出高兴的

表情，就会增加身体内部相关激素的分泌，从而加强高兴的情绪反应，使你真的高兴起来。所以当你遇到难堪的场面时，即使一时说不出话来也要保持微笑。微笑可以缓解紧张，让你更加从容镇定。

　　幽默自嘲也是一种人际交往中的智慧，在我们面对人生中的尴尬与矛盾的时候，不妨使用自嘲的方式，幽默的语言，让人一笑置之，将尴尬化解于无形，让人际关系更加和谐，达到"山重水复疑无路，柳暗花明又一村"的境界。

第07章

批评时加点幽默，给人面子给自己里子

人非圣贤，孰能无过？无论是谁，都有犯错误的时候。生活中，我们也有必要适时指出他人的错误，如果这时你给予的是过激的、不适当的批评，可能会让他人在错误的路上越走越远。实际上，批评是一种艺术，而且是巧妙的艺术。即使你信奉"忠言逆耳利于行，良药苦口利于病"，但也别忘了，人都是有自尊心的。如果你想用"嘴"来说动别人的"腿"，幽默就是最好的方式。总之，如果你需要批评他人，那么请在批评时记得给人一个台阶，尽量用幽默使你的批评妙趣横生，既鞭辟入里又轻松愉快，这样才能起到事半功倍的效果。

动用幽默，让批评的话委婉动听

人无完人。在这个世界上，没有人不会犯错误。生活中，我们常常需要指出他人的错误，但在错误面前，你可能会忍不住大发雷霆，但狂风暴雨过后，你可能会沮丧地发现，你的"善意"并没有被对方所接受，甚至，换来的结果可能让你追悔莫及。因为批评对谁来说，都不是一件让人愉快的事，也没有谁喜欢被他人否定，但是如果我们能够掌握适当的批评的技巧和方法的话，让他人接受批评也并非难事。

我们都知道，幽默的力量在于为他人创造快乐、营造良好的交流氛围，因此，批评他人时，若能适当地使用幽默这个杀手锏，不仅能帮你解决棘手的问题，还可以为你的沟通能力锦上添花。

的确，批评是一种艺术，掌握得好会起到批评指正并激励他人的作用。直截了当地指出别人的错误，往往会伤及对方的面子，甚至一不小心就会得罪人，但如果能把直言的意见变成幽默语言，就能够既表达自己的意见，又能使对方在笑声中认识错误，听取你的意见。

　　总之，批评是一种棘手的事，但当你必须批评他人时，你可以选择带有幽默色彩的语言去批评对方，从而不使对方产生敌对情绪，又能改变他们，激励他们按你的指引方向去做，最终起到通过批评而激励的作用。

先调侃自己，再指出对方错误

　　生活中，人们总是喜欢被肯定，没有谁喜欢被批评。因此，无论采用何种批评方法，不要一上来就开始"发牢骚"，要先尽可能创造一个和谐的气氛。做错事的一方，一般都会本能地有种害怕被批评的情绪。如果很快的进入正题，被批评者很可能会产生不自主的抵触情绪。即使他表面上接受，却未必表明你已经达到了目的。所以，先让他放松下来，然受再开始你的"慷慨陈辞"。要做到这一点，我们不妨先调侃一下自己，再幽默地批评他人。正如美国前总统柯立芝所说："理发师给人刮胡子，他要先给人涂些肥皂水，这样就是为了刮起来使人不觉得痛。"

　　美国幽默术专家特诺·赫伯说过："把幽默当作礼物送给别人，会增强你的吸引力。"社交场合离不开幽默的谈吐。幽默能激起听众的愉悦感，使人轻松、愉快、舒心；幽默可活跃气氛，沟通双方感情；幽默能融洽人际关系，生动地表达情感和态度，让你的批评和意见更容易被他人接受。

美国哲学家帕克说："幽默的目的是审美的沉思。"也就是说，幽默是以表面上的滑稽和形式上的玩笑，起到实质上的庄重和内容上的严肃之效果。因此，真正的幽默要有意味深长的内涵，它不是简单的插科打诨，不是无聊的玩弄噱头，不是庸俗的油腔滑调，也不是刻薄的冷嘲热讽。作为批评手段之一的幽默批评，更应是智慧的结晶，是启迪的艺术，是热情的开导，是真诚的帮助。而很明显，先调侃自己，再幽默批评，则显得我们的批评动机更纯正，批评语言更温婉，也就更能起到指正的作用。

文学大师老舍在谈到文学创作时说："文字要生动有趣，必须利用幽默"。实际上，生活中我们批评他人也是这样，若要行之有效，不妨搞点幽默。因为幽默能寓教于乐、启人深思。如果你没有幽默，那无异于呆板的雕像；如果你的语言中不含幽默，那无异于枯燥的经文。生活中常有这样的体验：你咬紧牙关、心急如焚地硬去拧盖着的瓶盖，却怎么也拧不开；然而你的心态平和下来时，有时只轻轻一拔，瓶盖竟神奇般地打开了——这便是幽默效应的一个形象写照。而实际上，我们在肯定幽默对批评的作用的同时，还必须认识到一点，如果我们在指出他人错误的同时，先把幽默的矛头指向自己，开一下自己的玩笑，博对方一笑，那么，此时你再进行幽默批评，对方也就更加乐意接受。

过激批评后，不妨用幽默来补救

现实生活中，有这样一些人，他们心直口快，看到他人的过失和错误就忍不住指出来，并且丝毫不顾及对方的面子和感受，但一阵狂风暴雨之后，他们才发现，原来自己真的"言重"了，此时，他们不禁萌生悔意。其实，面对这种情况，还是有挽救措施的，那就是幽默，被批评的对象可能不会接受你的批评，也可能不接受你的道歉，但绝不会不接受幽默带来的快乐。老舍先生说过：幽默者的心是热的。可见，如果你借助幽默，那么便能给对方一个台阶，给自己一个台阶，挽救过激批评带来的尴尬后果。

当然，并不是所有人在过激地批评完他人之后，都能认识到自己批评方法的不当，也不是所有人都懂得巧妙借助幽默的力量帮自己化解尴尬。为此，我们必须做到以下几点：

1.先稳定自己的情绪

批评是一门学问，如果批评时言辞不当，有可能造成一些无法意料的后果。所以不要一批评起他人来，就猛下"虎狼之药"，怎么难听怎么说，这样的话，任谁听了都不高兴，即使你是老师、是上级，被批评者嘴上可能碍于你是上级，不敢得罪，但难免怀恨在心，对你产生敌意。其实，恶意的批评并不能树立你的威信，反而会降低你的层次，让被批评者气不顺，心不服，严重时还会反唇相讥，激化矛盾。

作为批评者，如果你只图一时之快，用态度恶劣的批评伤害了对方，那么，你就要及时补救，否则，过后不管你如何弥补，你带给他的伤害永远存在。所以，你要控制自己的脾气。在每次感觉到自己快要失控时，先冷静5分钟。等到能够平静地面对对方时，不妨试试把疾言厉色的批评或苦口婆心的劝诫换成幽默的一笑。

2.见缝插针，找到制造幽默的关键点

日常生活与工作中，如果你过激地批评了他人，那么，你只需要幽默风趣地给对方一个台阶下，便能瞬间解除尴尬，得到他人的理解和配合。其实，要找到这个台阶，并不难。一些有趣的双关语、一个暗示性的动作、一则富有哲理的故事、一个形象的比喻……都能起到既点出对方的错误，又不失风趣的效果。

幽默风趣的语言能挽救由过激批评而导致的尴尬后果，能把原本严肃的事情变成一个玩笑，让人容易接受，并且不会产生抵触情绪。

不伤面子地批评，幽默是"有力武器"

很多时候，我们在面对犯错者时，有心批评，却又怕言辞过激，使得对方颜面受损、心生不满；保持缄默，却又怕对方不以为意，一错再错。有时，犯错者还茫然不知、扬扬自得，反倒是

我们心急如焚，却踟蹰不敢言。这个时候，不妨请出幽默这个"有力武器"，来助自己一臂之力。

在一次会议上，毛泽东主席发表讲话，教育干部应该戒骄戒躁、虚怀纳谏，多多听取他人的意见。他在发言中讲道："我们现在有些第一书记，连封建时代的刘邦都不如，倒有点像项羽。这些同志如果不改，最后都要垮台的。不是有一出戏叫《霸王别姬》吗？这些同志如果总是不改，难免有一天要'别姬'就是了。"

这一个生动的比喻，让在场的与会人员都笑了起来，在笑声中，也听出了主席的深意。对楚汉争霸这段历史稍有涉猎的人都知道，这场战争最后的胜者是刘邦。刘邦本是一个斗鸡走狗、贪杯贪色的乡间无赖，身无长物，却能获得最后的胜利，就是因为他能虚怀纳谏，知错就改，知人善任，用人不疑。而项羽身为楚地贵族，原本是民心所向、一呼百应，且英勇善战，是那个时代人人称颂的"战神"，最后落得四面楚歌、别姬自刎的结局，就是因为他"妇人之仁、匹夫之勇"，刚愎自用、目光短浅造成的。毛主席用楚汉的比喻，对某些犯错的干部提出了批评，并且绵里藏针地用项羽的结局来提醒他们。这段讲话不仅幽默效果十足，令人易于接受，而且发人深省、引人三思。

在人际交往中，幽默往往能起到点石成金、化戾气为祥和的奇效。在批评他人时，如果能够用幽默的言辞将批评之语说得委婉而不失趣味，那么，既能为对方留足面子，彼此心照不宣，也

能缓和紧张、尴尬的气氛，令对方在轻松的笑容中主动接受批评，反思错误，努力改正。

那么，在批评他人时，我们可以运用哪些方法，让幽默成为自己的"利器"呢？

1.反话正说

反话正说是幽默常用的手法，经常能营造出一种十分风趣的氛围。而将原本的批评之语换为褒奖之语，也会让被批评的人更易于接受。例如，某大学课堂上，学生们各行其是，就是没人认真听讲。老师突然停止了授课，说道："中间那几排聊天的同学，不如你们学习一下后排玩手机的同学，大家都安静下来，才不会吵醒前排睡觉的同学。"此言一出，学生们都笑了起来。笑过之后，每人的脸上都有了些愧疚之色，他们纷纷停下自己的事，开始认真听讲。

2.点到即止

对于每个人来说，被批评，总不会是一件舒心惬意的事。尤其对于自尊心强烈的人来说，被他人在人前直截了当地批评，简直是一场灾难。而批评者如果不能很好地把握分寸，这场灾难很可能也会波及自己。因此，点到为止、用诙谐的语言适当地调侃一二，是我们必须掌握的幽默批评方式之一。例如，周总理在一次视察中，发现某地的公路状况十分糟糕，他没有直接对当地领导提出批评，而是微微一笑，说："这条路，下雨天是'水泥路'，晴天是'扬灰路'。"当地领导立即明白了周总理的意

思，心中也暗暗感激周总理的"口下留情"。

3.软中带硬

对于一些较为严重或是可能引发严重后果的错误，若轻描淡写、以褒代贬的方式已不足以强调错误的严重性或难以引起犯错者的重视，这时可以尝试软中带硬、绵里藏针的批评方式。事例中介绍的毛主席的比喻，就是典型的软中带硬的批评方式。这种批评，幽默而又不失力度，让人受教而又不至引起反感，是一种理想的批评方式。

幽默法批评，是一种大智慧

生活中，每个人都难免会犯错误。对待自己的错误，我们当然要进行深刻的反省，有则改之，无则加勉，避免再犯相同的错误。那么，对于他人的错误呢？我们要进行严厉批评吗？当错误涉及必须严格遵守的原则，严厉批评是必不可少的，这样才能让人牢牢记住原则，不再触犯。然而，生活中的大多数错误都无关紧要。在这种情况下，如果我们还是声色俱厉地批评他人，非但无法起到很好的教育作用，反而会导致对方觉得丢了面子，产生逆反心理，最终更加与你背道而驰。在这种情况下，如果你能以宽容的心态，充满智慧地用幽默的方式委婉批评，效果则会好得多。

　　曾经，有位年轻的文学爱好者，对文学满怀热情，但是投稿始终未被采用。思来想去，他决定走"捷径"，居然渐渐养成了抄袭他人作品的坏习惯。有一次，他拿着一首诗来到某杂志社，找到主编问道："主编，我这首诗写得很好，您能帮我发表吗？"主编看完诗之后，笑着问："年轻人，这首诗的确很好。不过，这首诗是你写的吗？"年轻人信誓旦旦地说："当然！这首诗的每句话，每个字，都是我写的。为了写这首诗，我呕心沥血，废寝忘食，您看我的头发都白了呢！"说着，他还指了指自己头上的几根白发。这时，主编站起身来，毕恭毕敬地说："莎士比亚先生，我一直拜读您的大作，还以为您已经仙逝了呢！今日万分荣幸得见您的真容，我简直太高兴了。"看着主编伸手出来准备握手，年轻人羞愧得满面通红，赶紧拿着诗灰溜溜地走了。

　　在这个事例中，主编并没有明确指出这个年轻人的诗作是抄袭莎士比亚的。而是当即毕恭毕敬地站起来，与"莎士比亚先生"握手。这表面看起来的尊重，其实是在讽刺年轻人抄袭已经去世的莎士比亚的作品，最终让年轻人羞愧得满脸通红。如此幽默的批评方式，避免了直接与年轻人发生冲突，也起到了良好的批评效果。幽默批评的方式，不仅适用于成年人之间，也同样适用于孩子，而且能够很好地保护孩子的自尊心。

　　巧巧是三年级的语文老师，三年级的孩子正是最调皮捣蛋的时候。巧巧几乎每天都在声色俱厉地批评孩子，但是当看到孩子

因为遭到批评蔫头耷脑时，又觉得于心不忍。思来想去，她决定换种方式。这一天，小跳利用课间十分钟，与同学追逐打闹。当看到巧巧朝着他走来时，他一时心急，居然用两只手撑住桌子，突然腾空跳起，猛地两腿分开坐在椅子上。看到这样的情形，巧巧既惊又怕又生气，但是她控制怒气，走到讲台上清了清嗓子，拖长强调说："同学们，看来我们班要马上就要出一位名人啦！2004年，刘翔成为举世闻名的跨栏王。依我看，2020年的跨栏王必将在你们之间诞生。看看小跳同学吧，你们就知道老师说的话是言之有据的。小跳同学利用课间时间，勤学苦练跨栏和奔跑速度。只要他能坚持不懈地练习下去，老师相信他一定能赶上2020年的东京奥运会，并且为国争光。但是，老师必须提醒你的是，在教室跨栏是特别危险的，一旦跌倒摔伤，非但无法成为跨栏王，还很有可能只能参加残奥会。"听了巧巧的话，全班同学哄然大笑，小跳也不禁笑了起来，随即羞愧地低下头。从此之后，再也没有同学在教室里进行危险的跨栏活动了。

虽然孩子年纪尚小，但是也是很讲自尊的。在批评孩子时，老师如果能够采用幽默的方式，则不但能够保护孩子的自尊，而且效果也更加显著，同时还能表现出老师幽默风趣的一面，能够拉近师生之间的心理距离。法国著名的演讲家雷曼麦曾经说过，"用幽默风趣的方式阐述真理，更加能够衬托真理的严肃，比直接提出更能让人心甘情愿地接受。"如果说传统的教育方式是在走直线，那么幽默的批评则是曲径通幽。

　　以幽默的方式批评他人，不但能够顾全对方面子，不伤和气，而且效果显著，还能表现出你的风趣机智，可谓一举数得。不过需要注意的是，以幽默的方式批评他人也要讲究度，比如，自尊心特别强的人也许会把你的幽默风趣当成是恶意的挖苦讽刺，因而必须适度才能达到预期的效果。而且，理解能力不强的人，甚至还会误解你的意思，所以要根据他人的理解能力酌情使用幽默批评的方式。

第 08 章

生意往来幽默谈，业务多多收获满满

我们都知道，幽默是令人发笑的艺术，在使用幽默的方式沟通时，人们往往处于一种放松和愉快的情绪中。人们总是喜欢和能让自己快乐的人交朋友或者建立联系。因此，作为产品营销者，如果你也能在销售中掌握幽默的语言技巧，让客户发笑，那么，那你就能够在工作中取得更好的成绩。当然，在做生意的过程中，幽默的使用可以说是随时间、地点、人物、对象、产品和时机的不同而千变万化，但是其中的关键是推销者本身具有一种轻松、洒脱、乐观、自信的幽默感，只有这样才能用活、用好幽默。

幽默谈吐，迅速打开交易局面

任何一个营销者都深知，要想让客户购买产品，就必须要与客户熟络，对此，很多营销者认为，请客吃饭是拉近与客户之间距离最好的方法。但实际情况并非如此，在和客户还不熟的情况下，用饭局来约人实际是下下策。在温饱问题早已解决的今天，吃饭的诱惑力已经大不如前了，尤其是那些手握大权的领导和老总们，更是早把山珍海味都吃腻了。其实，如果你足够睿智，那么不妨用幽默笑话打开话匣子。因为幽默是会使人以愉悦的方式表达人的真诚、大方和善良。它像一座桥梁拉近人与人之间的距离，填补人与人之间的鸿沟，是奋发向上者和希望与他人建立良好关系者不可缺少的东西。

有人讲：商场如战场。不同的是，这个战场上的制胜法宝就绝对不是简单的坚船利炮，更不是简单的电磁干扰，而是幽默。幽默可以说是销售成功的金钥匙，它具有很强的感染力和吸引力，能迅速打开顾客的心灵之门，让顾客在会心一笑后，对你、对商品或服务产生好感，从而诱发购买动机，促成交易的迅速达成。所以，一个具有语言魅力的人对于客户的吸引力简直是不能想象的。

　　有一位有一些秃顶的男士在柜台前看商品，售货员走上前去对他说："先生，买顶帽子吧，好保护你的头发。"

　　顾客笑笑说："我这几根头发，数都数得过来，还用保护吗？"机智的售货员马上回答："买顶帽子戴上，别人想数都没得数了"。

　　顾客被售货员的幽默所打动，微笑着买了一顶帽子。

　　很明显，这位顾客原本根本不想买这顶帽子，但为什么却又购买了呢？这就是幽默的作用。可能你更不解的是：这幽默是如何巧妙的起作用了呢？这里的幽默妙在售货员从另外一个角度去看待头发和帽子的关系上。退后一步说，就是顾客不买帽子，他绝对也会对售货员留下良好印象的。

　　与客户初次接触，适当讲一些小笑话，能迅速降低客户对自己的敌意，促使销售成功，但万万不要过度，如果把握不住，会给客户留下轻浮、不可靠的印象。幽默的人很容易打开别人的心扉。不仅容易打动异性的心，也容易打动客户的心。所以幽默的个性能造就情场高手，也能造就商场高手。

　　当然，与客户首次打交道，即使借助幽默的语言加深彼此间的关系，也需要掌握一定的度。

　　人说"恋爱就像放风筝"，其实和客户之间的距离也像放风筝，拉得太紧会让客户感到密不透气的厌烦，放得太松又怕竞争对手会趁虚而入。一天打三通电话去问候客户的公司、问候客户的家人、问候客户的宠物都会让人觉得你不是在做生意而是在调

查户口、挖人隐私；而奉行"君子之交淡如水"的交往策略，又会让客户觉得自己的重要性不够。和客户保持安全距离的学问，有时比猜女人的心还要难。

为此，在与客户初次交往的过程中，你需要注意以下三点：

1.与客户保持身体上的安全距离：初次拜访，面对不熟悉的客户，保持至少1米以上的安全距离。安全距离之内的位置只能留给亲朋好友，生人勿近；

2.在客户的办公区域内拜访时，客户面前的办公桌范围是安全距离的界限，不要随意走动，不要四处张望，不要偷窥客户的电脑屏幕和文件夹；

3.与客户坐着面谈时，可选择有技巧地让客户背对窗户而坐，自己面对窗户而坐，这样更有助于你把控时间，而不会让客户留意到窗外的天光变暗，从而感觉到时间流逝过快，匆匆告辞。

可见，商场未必就是没有硝烟的战场，和气生财，是前人的古训。商场之中，假若你用心增添些幽默元素，就会使生意红红火火。

幽默助你获得最大利益

俗话说："货卖不成话不到，话语一到卖三俏。"从事营销工作的人员，就是靠嘴吃饭的，只有有了出色的口才，才能够让

客户感受到你的魅力，才乐意购买你的产品。而幽默就是展现你个人魅力的重要方法。

因此，具有幽默感的人，在与客户沟通不畅、面谈不顺时，适时切入幽默的言谈举动，确有助于缓和当时局促的气氛，使沟通得以顺利继续下去。

可见，幽默是否都能如愿取得预期的效果，与是否要在沟通中寻找富于机智的幽默材料，或是否预先准备了充足的笑话等等关系不大，重要的是你是否有懂得幽默的心态，因为幽默往往就是成功营销不可或缺的一大要素。

在商业活动中，幽默的作用很大，如果使用得当，会给你带来很大的利益。

一天，英国迈克斯州的法庭内，一个40岁的金发女郎正在哭诉："法官先生，我丈夫有外遇了，他总是和那些风骚的第三者鬼混！"她越说越伤心，法庭上下一片哗然。法官为此动容，旁听席上群众都竖起了耳朵。那位女士接着说："尊敬的法官先生，他不是人，我20岁嫁给他后，他曾发誓再也不跟那些第三者来往了。可是不到一个星期，他又偷偷溜出去跟那些第三者约会，一呆就是几个小时，我忍气吞声地活了20年，他都60多了，照样劣性不改。"旁听席上有人"忽"地站起来，攥紧拳头开始为这位40岁的女士鸣不平。法官的眼睛也瞪得铜铃般，并且用中音说到："控诉人那位女士，请控制一下你自己的情绪。你说，那个第三者是谁？法律是神圣的！"那位金发女郎擦了

擦肿涨的泪眼说："就是那个臭名昭著、家喻户晓圆溜溜的足球啊！"

法官们惊呆了，群众们也"啊"的一声睁圆了眼睛，继而旁听席上哄堂大笑，有的人还吹起了口哨。这还不算终结，接着，那位40岁的金发女郎大声喊道："法官先生，我要告宇宙足球生产商，他们是勾引我丈夫的第三者的生产者，它一年要生产20万只足球，要不惩治他们，世界上不知有多少可怜的女人独守空房啊。"

这时，英国宇宙足球厂老板也刚好在旁听席上，听这位可怜的女士要告自己，于是主动站起来说："尊敬的法官先生，尊敬的控告人，我是宇宙足球厂老板，我接受控告，是我们厂生产的足球充当了勾引她男人的第三者，实在对不起。我除了愉快地接受法庭上一切惩罚外，我还要说实在对不起"。说完，他立即开了十万英镑的支票请法官先生转交给那位太太。第二天，宇宙足球厂因生产"第三者"而被控告的新闻，不约而同地出现在英国主流媒体上。自那之后，宇宙足球厂并没有因为成为被告而受到不利影响，反而因为媒体大众的关注而销量猛增。

宇宙足球厂为什么能因祸得福？可以说，这位老板是明智的、冷静的，更是幽默的。他就英国宇宙足球生产商自我贬低的新闻，幽默了一下市场，让足球厂大出风头，起到了"歪打正着"得最佳效果。试想，一个没有智慧头脑的老板，会抓住这千载难逢的幽默武器吗？十有八九他会让这大好机会随风飘走，其

至还会因此而恼丧。

总之，幽默在产品推销中的应用可以说是随时间、地点、人物、对象和产品、时机的不同而千变万化，但是其中的关键是推销者本身具有一种轻松、洒脱、乐观、自信的幽默感，只有这样才能用活、用好幽默。

借用幽默挖掘更多的客源

"客源在哪里，去哪里寻找潜在客户呢？"很多营销人员都为此犯愁。因为我们都深知潜在客户对我们销售工作的重要性。如果没有客源，你向谁去销售产品呢？也就是说，没有丰富和高质量的潜在客户，成功无从谈起。如何开发客户资源，考验的就是营销人员的口才，考验到我们的口才，一个会说话的销售员，往往能在三言两语间说服他人，让他人成为我们的准客户。

实际上，我们都知道，要让我们的准客户对我们产生良好的印象，首先就必须在与客户交流上下一番功夫，对此，幽默能帮助我们实现这一愿望。因为幽默是使人发笑的艺术，能缓解紧张压抑的交谈氛围，让对方为之一笑，从而缩短人与人之间的距离。实际上，任何人，无论你从事什么职业，你都要学会利用幽默制造微笑，作为营销人员，把幽默带入你的服务或销售工作中，会帮助你积累更多的客户资源。

营销大师原一平正是因为深谙这一营销艺术，才在营销界有如此傲人的成绩。

原一平天生矮个子，他曾经为自己矮小的身材而苦恼，但后来他想通了，认识到遗传基因是难以改变的，克服矮小的最佳办法就是坦然接受，然后设法将这个缺点转化成为优点。

有一次，原一平的上司高木金次对他说："体格魁梧的人，看起来相貌堂堂，在访问时较易获得别人的好感；身体矮小的人，在这方面要吃大亏。你、我均属身材矮小的人，我认为必须以表情取胜。"

原一平从这番话中获得很大启发。从那时起，他就以独特的矮身材，配上他经过苦练出来的各种幽默表情和幽默语言，在向客户介绍情况时，经常逗得人家哈哈大笑。比如他登门向客户推销人寿保险业务时，经常有以下一些对话：

"您好！我是明治保险的原一平。"

"啊！明治保险公司，你们公司的销售员昨天才来过，我最讨厌保险了，所以他昨天被我拒绝了！"

"是吗？不过，我比昨天那位同事英俊潇洒吧！"原一平一本正经地说。

"什么？昨天那位仁兄长得瘦瘦高高的，哈哈，比你好看多了。"

"矮个子没坏人，再说辣椒是越小越辣哟！俗话不也说'人越矮，俏姑娘越爱'吗？这句话可不是我发明的啊！"

"哈哈！你这个人真有意思。"

就这样，原一平与每一个客户交谈后，双方的隔阂就消失了，他给人留下了深刻印象，生意往往就这样做成了。

这位客户也许忘了，原一平就是他以前见到的那个推销员，但原一平并没有说破，原一平想，一定要设法把准客户逗笑，然后自己跟着笑，当两个人同时开怀大笑时，陌生感就会消失，彼此也就能在某一点上进行更进一步的沟通了。

我们从原一平的幽默话语中，可以看出他是个自信的人。的确，作为一名营销工作者，只有内心足够强大，能以从容的心态面对自身缺陷与不足和客户的打击，才能做到自我幽默、拿自己的缺陷开玩笑。面对这样自信幽默的人，客户又怎么忍心拒绝呢？这也许就是原一平营销成功的法宝吧。

现实的营销工作中，很多人投资大量时间和金钱去学习各种技能，比如英语、计算机等，却很少有人花一点时间来学习用幽默制造微笑这种技能。而这种不花钱，只要用心就能学会的技能，为我们带来的价值可能是不可估量的。

幽默的人很容易打动客户的心。要知道，你对客户来说是完全陌生的人，开始时你并不被他所了解。你在与客户交谈时，应随时展现笑容，对人和蔼可亲，谈吐风趣。适当运用幽默一定会为你和客户之间的谈话锦上添花，这对于你的工作来说将会有很大的帮助。

当然，生活中并不缺少幽默，缺少的是对幽默的发现和创

造。事实上，幽默感也并非与生俱来，它可以在生活中慢慢培养。一旦你拥有了幽默感，就会发现自己的人际关系变得宽广，你的生意也会越做越广！

幽默让生意沟通得更顺畅

一个人，要想成为一个成功的推销员，要想让生意所向披靡，不仅要有丰富的知识、热忱的工作态度、良好的服务品质、非凡的勇气和韧性，还要有机智的幽默感。推销大师皮卡尔说："交易的成功，是口才的产物。可以说，推销的实质就是幽默地说服。"由此可见幽默在推销说服中的重要。

通常来说，面对你的推销，"考虑一下再说"是客户经常使用的拒绝理由之一，话虽然说得很婉转，但真正的想法可能是"我听腻了你那一套说词，我又不打算买"。在这种情况下，你倘若认为目前时机尚未成熟，真的请客户好好考虑一下，日后再来听候佳音，就未免太过"天真"了！要处理这种状况是有点棘手，因为客户会说出这句话，多半是在你已经做了相当程度的说明后，就算再运用其他语言处理，效果也不会很好。这时候，你应该从另一个角度去引出客户真正的想法，譬如"我是很想买，但是缴费负担太大"。若能让客户说出真心话，就有希望进一步去促成生意。

下面是一个从事保险业务的推销员与准客户的谈话。

推销员："您慢慢考虑当然无妨，反正我就站在您家大门口等你一年、两年，帮您看门！"

准客户："哈哈！别开玩笑了！"

推销员："哈哈！刚刚那只是开玩笑的了，我要是这么做的话，我的家人岂不是都饿死了！为什么不趁现在就考虑购买，明天开始我又要去跑其他的客户，也许下次来拜访就到明年以后了，我是可以等，但您的小孩能等吗？"

准客户："什么意思？"

推销员："人生的风险是无形的，一般人在出事后，才懂得后悔当初为什么不先做好风险管理，让自己的孩子拥有一个快乐成长的环境！"

准客户："可是保费那么贵……"

推销员："太太，一天只要10元。"

准客户："孩子还小，暂时不考虑投保。"

推销员："正因为孩子还小，所以要趁早投保，让孩子在安全的光环下长大。"

准客户："邻居也买了保险，可是他们的孩子没出任何事情！买保险没有用！"

推销员："当然是没有用最好了，买保险，无事保平安，有事买保障！"

准客户："让我再考虑一下。"

推销员："的确，这么重大的事情应该好好考虑，不知让我和您一起考虑，看看还有什么问题，也好多一个人商量商量！"

准客户："必须先跟先生商量一下。"

推销员："您说的没错！您这么尊重先生的意见，相信先生一定很高兴，只不过当他下班后已经很累了，就算您要和他商量投不投保的问题，他一定会告诉您自己做主，更何况保险既可强迫自己储蓄，更能让全家共享保障，现在就决定投保吧！您先生一定不会生气的，万一他要是生气了，就叫我来，让我给他骂好了！"

最后，这位准客户还是被推销员说服了。

接受客户的借口，再以幽默的口吻顺着客户的话意继续述说，你会发觉成功的彼岸离你并不遥远。

记住：口气要轻快、幽默，不要和客户争辩，只要略微显示一下自己的心意即可。你对客户来说完全是陌生人，开始并不被客户了解。如果你在访问会谈时随时展现笑容，对人和蔼可亲、谈吐风趣，对于推销生意当然助益很大。

另外，当你遇到客户拒不付款这一情况时，你也可以采用幽默法说服。

一个富翁请一位犹太画家为他画肖像。画家精心为富翁画好了肖像，但富翁却拒绝支付议定的5000美元报酬，理由是："你画的根本不是我。"不久，画家把这幅肖像公开展览，题名为《贼》。富翁知道后，十分恼怒，打电话向画家抗议。

"这事与你有什么关系？"画家平静地说，"你不是说过了吗？那幅画画得根本就不是你！"

最终富翁不得不买下这幅画，并改名为《慈善家》。

日常销售工作中，当你与客户意见分歧较大、产生误解的时候，你也可以用机智的幽默获胜。

在做生意、从事推销业务的过程中，无论是遇到客户找借口拒绝你的推销，还是为保障自身权益，甚至化解与客户间的误解，都可以采取幽默的方法说服客户，让生意更加顺利！

洽谈业务，幽默更能让对方放下戒备

很多营销人员在从事推销工作中，总是会对一个问题感到束手无策：无论我们怎么向客户保证产品的质量和服务，客户似乎总是心有疑虑地反问：真的是这样吗？甚至在一些商务谈判中，这一问题竟然使成交卡壳。的确，客户对于那些想掏自己腰包的营销工作者，总是持有一分怀疑的态度。那么，如何解决这一问题呢？你不妨试试幽默沟通法。因为，幽默的沟通方式是人最容易接受的沟通方式之一。在使用幽默的沟通方式时，人们往往处于一种放松愉快的情景中，沟通的双方往往会降低或放下防备，以一种积极开放的心态，更加乐意倾听和理解。

因此，幽默是建立信任、巩固关系的最佳策略，如果你能够

让客户笑，那你就能够让他们购买你的产品。

一次，年轻的推销员海耶斯在一个前辈的带领下来到某个商店推销收银机。这位前辈，并不是相貌堂堂、玉树临风，相反，他身材矮小、肥胖，红彤彤的脸，但他却充满着幽默感。

当他们走进一家小商店时，老板粗声粗气地说："我对收银机没有兴趣。"这时，这位前辈就倚靠在柜台上，格格地笑了起来，仿佛他刚刚听到了一个世界上最妙的笑话。店老板直愣愣地瞧着他，不知所以然。这时，前辈直起身子，微笑着道歉："对不起，我忍不住要笑。你使我想起了另一家商店的老板，他跟你一样说没有兴趣，后来却成了我们熟悉的主顾。"

而后，这位老练的推销员一本正经地展示他的样品，历数其优点，每当老板以比较缓和的语气表示不感兴趣时，他就笑哈哈地引出一段幽默的回想，又说某某老板在表示不感兴趣之后，结果还是买了一台收银机。旁边的人都瞧着他们，海耶斯又窘迫又紧张，心想他们一定会被当作傻瓜一样赶出去。可是说也奇怪，老板的态度居然转变了，他想搞清楚这种收银机是否真有那么好。

不一会儿，他们就把一台收银机搬进了商店，那位前辈以行家的口吻向老板说明了具体用法，结果这位前辈运用幽默的力量做成了生意。

不难发现，案例中的商店老板对幽默的老推销员产生了好感，并愿意相信他，从而选择购买他的收银机。可见，运用幽默

制造笑声，使顾客在笑声中接纳你的建议，即使与你打交道的是个爱挑剔的客户，你也可以使用幽默这一工具。而当问题发生在公司与客户之间时，幽默的力量也能使客户接受你，进而帮助你取得共赢的结果。

某年冬天，快到春节时，气温下降，天空下起了雪，很多返乡的人都被堵在了各大火车站，在北方的一个火车站，客流量相当大，但因为天气的原因，火车的运行受到了影响。

到了晚上，候车室里挤满了要赶在节前回家过节的乘客。乘客们焦急地等待着误点的火车，但火车却一再误点。这时一个不冷静的乘客拉住一位车站工作人员大声嚷嚷说："你们并没有按照列车时刻表运行车辆，还在候车室张挂列车时刻表有什么用？"

这位工作人员说："出现误点的情况我们也很着急。不过，要是当真没有挂列车时刻表的话，也就无法说出火车误点多久了。您说对吗？"

一句幽默的回答，使生气的乘客也无可奈何地笑了。

火车晚点这一问题并不是火车站内的工作人员所能掌控和解决的，如果车站工作人员不冷静，说什么："这不关我的事，你有能耐去找领导。"这样就会发生争吵。但这位工作人员的处理方法却是明智的，也是值得很多人借鉴的。

同样，对于从事营销工作的人员，也应该从这一故事中得到启发。向你的顾客推销产品在某种程度上就是让客户对你产生信

任，在顾客并不想买你的东西，但你又不愿意放弃时，僵局就产生了。巧妙地运用幽默化解僵局，将产品顺利地售出，那么你就获得了销售工作的胜利。

香港华人首富李嘉诚在商业谈判上很有发言权。他主张，当谈判进入僵局时，可用幽默、笑话及喝茶等方式来缓和气氛，也可另换一个话题，总之先避开冲突，以求转变局势。

良好的氛围对于谈判结果的好坏至关重要，凡富有经验的谈判代表，总是能够恰如其分地、巧妙地运用幽默，无论是用眼神、动作或者言语进行协调，去表达千变万化的思想感情，调整交际现场的气氛。

有时候，客户的过期账单会堆得愈来愈高，这通常就成了亟待解决的问题。这个客户如果是老客户，又是大客户，这问题多半由上面——公司老板亲自处理。看看下面这位老板是怎么向客户催款的。

"你知道，李总，我们很感谢你与我们的交易。"老板可能会在约客户共进午餐或晚餐时这样说，"但是你的账目到现在已经过期10个月了。可以说，我们照顾你已经比你母亲照顾你还要久了。"

问题很可能就此得到解决，因为这位这老板能对问题作趣味性的思考。

那么，你该如何使用幽默这个有力武器来争取到客户的信任进而取得合作呢？以下是一些建议：

在开口之前先试着判断客户是哪种类型和风格的人。正确的幽默对你的帮助多大，错误的幽默对你的损害就有多大。

被巧妙地插入谈话中的幽默会使顾客喜欢上你。但要提醒你的是：任何时机都不适于对不熟识的人使用政治、种族或宗教幽默。不要不合时宜地使用幽默。

你可以讲讲个人的经历而不是编出来的幽默故事。比如你办公室里、你孩子身上和你小时候的趣事。对方肯定是第一次听说。还可以把幽默故事记录下来，这样你在下次同客户谈话时就能很快记起有关上次谈话的内容。

谈判中的幽默语言能迅速缓解紧张气氛

我们在与谈判对手沟通的过程中，因谈判双方利益点冲撞严重等不可调和的矛盾，谈判陷入僵局是常有的事。谈判一旦陷入僵局，自然会影响到谈判效率。

谈判专家指出，谈判僵局一旦处理不好，就有可能把谈判推向死胡同；相反，如果能够运用恰当的应对策略和方法，还是可以"起死回生"的。面对谈判僵局，"只剩下一小部分，放弃了多可惜""已经解决了这么问题，让我们再继续努力吧"等说话技巧并不一定能起到打破僵局的作用。此时，我们不如幽默以对。当谈判陷入僵局时，人们的心理是紧张的，谁也"不敢

越雷池一步"，因为谁先表态，就可能意味着放弃谈判立场，而如果我们能加点幽默、让大家会心一笑的话，双方紧张与尴尬的氛围会立即消解很多。不拒绝任何渠道的快乐是人们普遍的心理。

1988年7月22日，日本首相中曾根同苏联共产党总书记戈尔巴乔夫在克里姆林宫举行会谈。整个会谈高潮跌宕，扣人心弦。

戈尔巴乔夫有一次竟用拳头将桌子敲得砰砰作响。他气愤地声称："据说，在日本居然有人说什么'今后只要日本持续不断地增强经济力量，苏联便将乖乖地屈服于日本的经济合作'。殊不知，这是大错特错的，苏联决不屈服。"中曾根也不示弱，他以强硬的口吻反驳道："尽管如此，两国加深交往也是重要的。阻挠两国关系发展的，正是北方领土问题。铸成这个问题的原因在于斯大林错误地向属于北海道的岛屿派遣了军队。"

中曾根接着语气和缓地说："我毕业于东大法律系，你走出的是莫斯科大学法律系的门槛。我们俩同属法律系毕业生，理应了解国际法、条约和联合声明是何物。国际上都承认日本的主张是正确的。"这时戈尔巴乔夫脸上荡起一层愉快的笑容，微笑着答道："我当法律家亏了，所以变成了政治家。"此语一出，巧妙地避开了中曾根话题的锋芒。

本来双方针锋相对，很容易使谈判陷入僵局，但戈尔巴乔夫的一句幽默话，使双方的紧张气氛得到了缓解，谈判得以继续

进行。

幽默能减少人与人之间的紧张对立。因为代表各自的利益，恐怕很难轻易地让步，谈判期间必有一番唇枪舌剑的苦斗，有时甚至到了剑拔弩张的地步。这时，如果某一方代表说句幽默的话，或讲个小笑话，大家一笑，紧张的气氛就可能化解，双方可以继续谈下去。

那么，我们在谈判中该怎样运用这一心理策略呢？

1.兜兜圈子

谈判过程中，我们都有自己的立场，在运用兜圈子这一心理策略的时候，我们要记住，谈判绕了一个圈子，多走了一些弯路无伤大雅，但一定要成功到达终点，即达成双方都能接受的协议。也就是说，兜圈子的话题主旨也不能变，虽然不涉及正题，但必须与正题有关，不管绕多少圈子，牛鼻子始终不能放，要做到"形散神不散"。

2.转移话题

转换话题也就是不谈和谈判议题有关的事，只谈一些毫不相关的东西，以使双方紧绷的神经得到暂时的放松。当然聪明的谈判者还可以通过这些看似不相关的话题引起对方的兴趣和共鸣，以作为下一步双方谈判的主旋律，并且将话题逐渐引到正题上，使对手在不知不觉中就跟着自己的思路走，为打破僵局、抢占谈判主动权赢得先机。

有一所大学，辩论社的指导教授有两位，一位是遗传学的教

授，另一位是环境学的教授。一天，两位教授为了指导学生，以"遗传学和环境学两门学科中哪一门学科对人类的贡献更大"为主题互相辩论。两人各据铿锵有力的论证，各自说明自己的立论最为正确，没想到在唇枪舌剑之下，两人越辩越激烈，最后，环境学教授赌气地说了一句："哼！遗传学有什么了不起，我儿子跟我长得像，就是遗传学。"遗传学教授见他动气了，于是幽了他一默，惹得所有学生大笑不止。你猜，他是怎么说的？遗传学教授说"是啊！你儿子像你是遗传学，若是像你的邻居，那可就是环境学了。"

遗传学教授的一句话幽默地回应了环境学教授的赌气的话，既有力又不伤和气，可谓出奇制胜。

在社会生活中，类似的出奇制胜的例子还有很多，它们让人在谈判中用笑语成功地破解谈判僵局，达到说服人、征服人、感染人的目的。

另外，话题的转移有相当的难度存在，须有对语言驾轻就熟的技巧。话题转移得不好，有时虽然能暂时缓和一下紧张的气氛，但对于大局并没有什么益处。转移的话题必须视具体情况和对象因地制宜，就近转移，不能不着边际，随心所欲，风马牛不相及。

总之，恰到好处地使用幽默，有利于打破僵局，使冷场的窘境在笑声中消失，从而操纵谈判对方的心理，为我们达成说服谈判对手的目的铺平道路。

　　我们要学会理解幽默和善于运用幽默，还必须从两个方面加强修养：一方面要不断改善自身琐碎的缺点和陋习，陶冶自己的情操，提升自己的人格；另一方面要努力学习，经受实际考验，使自己富于才华和机智，以便遇事时能显出敏捷的思维和过人的应变能力。

第09章

演讲巧用幽默话，别开生面动人心

　　演讲，作为一种直抒胸臆的语言表达，早已经成为一门语言艺术。而幽默，作为语言的润滑剂，常常成为名人演讲中不可或缺的亮点。成功的演讲者不是天生的，而是经过长期的锻炼，不断吸取自己每次演讲的经验与教训，磨练演讲的技巧而成。即使是最出色的演讲者，也会不时感到紧张，但是他们学会了如何将这种紧张的能量，转化为一次有力的演讲。不论你是专业的演说家，或只是偶尔演讲，亦或是从来没有在大家面前讲话，都可以努力去创造、发展并运用你的幽默力量！

幽默开场，是一种高明的方法

演讲又叫讲演或演说，是指在公众场所，以有声语言为主要手段，以体态语言为辅助手段，针对某个具体问题，鲜明、完整地发表自己的见解和主张，阐明事理或抒发情感，进行宣传鼓动的一种语言交际活动。因此，一般来说，演讲都是比较正式的，但是，作为演讲者，并不能因为这一原因就一定要端起架子，板起面孔，一本正经地进行演说。实际上，营造幽默轻松的气氛是使演讲易于为人接受的一种高明的方法。

我们都知道，任何演讲，都必须以一定的话术开场。因此，演讲的开场很重要，它可以奠定整个演讲过程的基调。但万事开头难，演讲也不例外。如果开场白毫无新意，那么即使内容丰富、道理深刻，也无法有效地吸引听众，那么，接下来就很可能会出现听众昏昏欲睡的场面。幽默的开场白是演讲者明智的选择，因为这不仅能使台下的听众眼前一亮，而且人在轻松的氛围里能有效地思考问题，从而使演讲者能更好地抓住人们的心。

幽默的开场白从一个侧面体现了演讲者的智慧和才华，体现了演讲者对将要进行的演讲充满了信心与期待，所以受众会逐渐

由为演讲者的个人魅力所吸引，过渡到为演讲本身所吸引。可见幽默的开场白对于演讲的开展是至关重要的。

有一位小伙子在自己的婚礼上的开场白充满了幽默和温情。

"尊敬的各位来宾，大家好！谢谢你们来参加我的婚礼，大家看得出来，我今天很开心，也很激动，因为我终于结婚了，现在，我只能说，千言万语也不能表达我现在的心情，但我知道，无论如何，我必须对所有人说'感谢'。首先我要感谢所有的亲朋好友愿在这个美好的周末，特意前来为我和她的爱情做一个重要的见证。其次，要感谢我妻子的父母，我想对您二老说，谢谢你们的信任，谢谢你们能把你们呵护了二十几年的掌上明珠交给我保管，我保证，我会一直让这颗明珠灿烂夺目的。最后，我要感谢在我身边的这位在我看来是世界上最漂亮的女人。昨天上了一夜的网，网上说现在世界上男性人口是29亿8千万，我竟然有幸得到了这29亿8千万分之一的机会成为你的丈夫，所以我想说，谢谢你。但是此时此刻，我的心里却有一丝深深的对你愧疚，在认识你之前和认识你之后，我还一直深深地爱着另一个女人，并且就算你我的婚姻也无法阻挡我日夜对她的思念，那个女人也来到了婚礼现场。亲爱的，她就是我的妈妈。妈，谢谢您，谢谢您把我带到了这个世界，让我学知识，教我学做人，让我体会到世界上最无私的爱，给了我世界上最温暖的家。我想说，妈，辛苦您了。此时此刻我很幸福，因为我遇上了这世界两位最善良美丽的女人。"现场响起了热烈的掌声。

这个小伙子的一段开场白实在令人拍案叫绝，这里，他所感谢的对象可谓一个都不少，有他妻子的父母、他的妻子、他的父母以及所有的来宾，令在场的人都为之动容。

的确，就演说者来说，如果他一开始讲话就很严肃，那么接下去的演讲就很难活跃起来。而演说者与听众的关系一旦在开始就是疏远的，以后便不好拉近。所以，开场时幽默一下是有好处的。它可以使演讲者和听众都处于轻松的状态，缩短双方的距离。而且，在演讲的正文开始以前，逗乐有充分的自由，有各种各样逗乐的题材和方式。

那么，具体来说，演说者如何在开场白中运用幽默的素材呢？

1.自我调侃

美国有一位黑人先生约翰罗克在面对白人听众发表关于解放黑人奴隶的演说时，他的第一句话是：

"女士们，先生们，我来到这里，与其说是发表讲话，还不如说是给这一场合增添一点'颜色'。"

这是一个自嘲式的开场白。意思是他的出现使全场皮肤的颜色在白色之外添了黑色。听众大笑起来。这一笑就冲淡甚至消除了由于种族差异而造成的心理障碍，使种族问题这一敏感和沉重的话题变得轻松起来，有利于他为自己的观点争取更多的支持者。

2.以"掌声"为幽默素材

1935年，高尔基参加会议时，代表们要求他讲话。他上台后，与会者长时间鼓掌。掌声停息，高尔基灵机一动，微笑着说："如果把花在鼓掌上面的全部时间计算起来，时间浪费得太多了。"

全场报以会心的微笑，大家都很钦佩高尔基的谦虚和机智。

大文豪高尔基的幽默开场别具一格，富于才气。美国著名外交家基辛格也有关于掌声的出色发挥。

有一次基辛格应邀讲演，等主持人介绍后，听众马上站立，长时间鼓掌。掌声停歇后，听众慢慢坐下来。基辛格开口说："我要感谢你们停止鼓掌，因为要我长时间表示谦虚是很困难的事。"

这一风趣的开场白表现出基辛格杰出的语言才能，比起连声说"谢谢，谢谢！谢谢诸位！"效果不知要好多少倍。

总之，演讲活动中，诙谐幽默的开场，能让大家会心一笑，放松整个现场的氛围。

幽默渗透，令听众豁然开朗、回味良久

任何优秀的演讲都必须能起到正面的、积极的、鼓舞听众的作用，引起听众深深的触动和共鸣，点燃人们心灵中追求真善美

的火花，激发起新的生命力和创造力，从而跃向生活新的高度。因演讲者若能穿插幽默，把看似矛盾重重、无望解决的问题换一个角度思考，则能使听众豁然开朗、回味良久。

同样，演讲的一个重要目的是为了开解人们心中的疑惑，激起人们对生活的信心。演讲者若能在演讲中渗透一些幽默元素，那么，就可能让听众回味无穷，从而有所思考。

当然，幽默要有创意，是形象思维，因而联想和想象是不能没有的。幽默没有现成的模式可以遵循。我们面对的是变动不息的人群，所以幽默也只能因人因事而异，才能达到效果。

那么，演讲者该如何在演讲中穿插幽默呢？

1.含蓄表达法

幽默应该引人发笑，但高级的幽默又最好可以让人回味。幽默是言近旨远。

2.穿插故事法

在演讲中，为了增强演讲效果，加深听众印象，可以穿插现成的幽默故事。一个短小的故事，精彩动人，令人回味无穷，也许会使人精神焕发、斗志昂扬；也许会使某些意志薄弱的人从垂头丧气的失败中清醒过来，吸取教训，重新振作起来，建立起奋斗的目标和迈向成功的决心和信心；也许会使人们从悲观转为乐观；也许会使人们从失败中，甚至从潜移默化地改变人的一生，改变一个人的人生观。

穿插时要注意：穿插进来的内容一定要同话题有关，能起到

说明、交代、补充的作用；穿插的内容务必适度，不可过多过滥，以免喧宾夺主，重心旁移；衔接务必自然得当，切不可让人觉得勉强或节外生枝。

3.穿插文字游戏

在演讲中，合适灵活地运用幽默，能大大提升你演讲的效果，给听众带来更多的笑声，从而使你的演讲锦上添花。当然，穿插幽默以达到渗透演讲思想的方法是不胜枚举的，关键是演讲者能在演讲中恰如其分地把握住演讲的气氛和听众的心态，自然而真实地运用幽默，才能使得演讲达到"余音绕梁，三日不绝"的效果。

诙谐故事，笑声不断

在演讲过程中，若是运用一些诙谐的故事，则会让你的演讲别有风趣。有趣的故事能充分调动听众的热情，而且给人留下深刻的印象，甚至会期待你的下一次演讲。通常情况下，演讲内容大多是枯燥而乏味的，不是专业知识，就是大堆大堆的辞藻堆积，在这样的情况下，演讲者讲得费劲，而听众听着也烦躁。更何况，现代社会如此的快节奏生活，谁愿意坐上几个小时来听一些枯燥无味的演讲呢？

唯一可能的理由就是，演讲者本身很有趣，总是擅长使用一

些幽默诙谐的故事。如果不是这样，即便大厅坐满了听众，但对听众来说，却是身在曹营心在汉，他们根本就没注意到你讲了什么。

对于演讲者来说，需要充分显示自己的幽默感。一句得体俏皮的话，立即就会让你和听众之间的距离缩短，并获得好感；几句对付难题的机智回答，会让自己摆脱困境，并体现美好的自我形象，获得听众的同情和赞美。

实际演讲过程中，如何才能把生活与工作中的故事与演讲结合呢？

1.符合主题的故事

故事需要符合演讲主题，这样才能满足观众的期望。当然，在这之前需要提前想好一些符合主题的故事。注意自己的感受，发挥身体感官的作用，就会发现生活中处处都是能够用来做演讲的故事题材。平时也可以收集一些关于演讲主题方面的趣闻、剪报、图片、视频或新闻等。

2.完整而动人的故事

好的故事必须有创意，多看一些报道，慢慢学会以夺人眼球的标题吸引听众的注意力。当然，故事的主体也要沿承这个风格。故事的关键点一般都是用一句颇有哲理的话来总结，这会让听众印象更深刻。

3.有情感的故事

对某些需要深含感情的演讲主题，需要侃侃而谈，情绪激昂。可以通过多种途径选择有趣的轶事见闻，找到这个故事与演讲主题的联系，从联系点着手，就会让一个枯燥无味的主题生动起来，丰富起来。

4.生活化的故事

如果仅仅是讲诉一些伟大人物的故事，且又是众所周知的故事，那这样对听众而言是没有丝毫吸引力的。寻找一些生活化的故事，从真实的生活片段里选材，自然而流畅，这样就会使听众产生共鸣。

5.久远的故事

一个可以使听众产生情感共鸣的演讲，才能使人铭刻在心。所讲的故事，就好像是他们的过去，每一个听众就像是我们身边的朋友、邻居，共同生活在一个世界里，故事里会有很多的交集。所以，试着讲一些久远的故事，更能打动人心。

在演讲过程中，并不是需要每句话都诙谐。诙谐故事不仅需要风趣，更需要与演讲主题呼应，这样才能更好地表达幽默的效果，更真实地表达情感。

收尾幽默，让演讲在笑声中结束

我们都知道，演讲活动中，开场白尤为重要，实际上，演讲的收尾也是如此，如果草草收尾，那么，势必会让整个演讲显得

虎头蛇尾，还会让听众留下遗憾。当然，演讲的结束语多种多样，幽默式是其中较有趣味的一种。演讲在笑声中结束，能给演讲者和听众双方都留下愉快美好的回忆，也是演讲圆满结束的标志。

艾森豪威尔在担任美国总统之前，曾有一段时间在哥伦比亚大学担任校长。这期间，他经常应邀出席各种宴会。

在一次宴会上，几位名人作了长篇演说，可是主持人最后还请他讲话。艾森豪威尔一看时间已经不早，决定删去他已经准备好的演说内容，站起来即兴发挥："每一篇演讲，不管它写成书面的或其他形式，都应该有标点符号，今天晚上，我就是标点符号中的句号。"大家立刻报以热烈的掌声。

艾森豪威尔结束演讲的方式是特别的，这段话虽然简短，但却很精彩有力。

演讲中，开场白固然重要，但有个好的结尾更重要！幽默的开场白能充分调动大家的热情，而幽默的演讲稿结尾则能给人深刻的印象，让听众期待你的下一次演讲。幽默使演讲结尾更富趣味，"余音绕梁，三日不绝"是演讲结尾追求的最佳效果。

那么，怎样才能达到这种效果呢？

1.动作与语言相结合

一语双关，妙趣横生，全场大笑，听众们的一点疲劳和倦意也在笑声中一扫而光了。这种紧扣话题的传神动作表演，唯妙唯肖，天衣无缝，着实精彩！

2.概括

某大学中文系为毕业生开茶话会。

会上，院系的几个领导相继讲话。首先是系党总支书记讲话，三分钟的即兴讲话主要是向毕业生表示祝贺。然后是彭教授讲话，主题是希望同学们继续努力学习，还引用了列宁的名言。第三个讲话的潘教授朗诵了高尔基的《海燕》片断，以此勉励毕业生们学习海燕的精神。第四个讲话的系副主任希望同学们永远记住母校和老师们。紧接着，毕业生们欢迎王教授讲话。

在毫无准备而又难以推辞的情况下，王教授站起来，先简单地回顾了数年来与同学们交往的几个难忘片断，最后一字一顿地说："前面几位给大家提出了殷切的希望，可我还是喜欢说他们说过的话。（笑声）第一，我要祝同学们胜利毕业！（笑声）第二，我希望同学们'学习、学习、再学习'。（笑声）第三，我希望同学们像海燕一样勇敢地搏击生活的风浪。（笑声、掌声）第四，我希望同学们不要忘记母校，不要忘记辛勤培育你们的老师们！"

在这里，王教授对前面四个人的演讲做了简单的概括，使整个演讲在一片笑声中结束。如果他还和前面几个人一样，发表程序性的演讲，那么，整个演讲自然了无生趣，结尾也是毫无精彩之处。

3.省略

一般来说，演讲即将结束时，人们的心都是浮躁的，甚至已

经没有继续听下去的意愿，此时，如果你的语言没有足够的趣味或者震慑力的话，是不能在精彩的掌声中结束演讲的。如果你能运用演讲的幽默式结尾方法，让观众意犹未尽，那么，何必担心不能赢得现场听众的热烈掌声和欢笑声呢？

演讲中的幽默语言要真实自然、适情适性

任何一名演讲者，都渴望从演讲伊始就全场火爆、笑声连连、气氛热闹，为此，演讲者们都煞费苦心以幽听众一默。诚然，幽默的运用可以为演讲增加光彩，但是这并不是为了幽默而幽默的矫揉造作，幽默的运用是讲究真实而自然的。适情适性地自然表达，才是上台演讲的最高艺术。因此，演讲中的幽默必须要言之有物。

阿伯拉罕·林肯在竞选总统时发表了这样的演说："有人打电话问我有多少银子，我告诉他们我是一个穷小子。我有一位妻子和一个儿子，他们都是无价之宝。我租了一间房子，房子里有一张桌子和三把椅子，墙角有一个柜子，柜子里的书值得我读一辈子。我的脸又瘦又长，且长满胡子，我不会发福而挺着大肚子。我没有可以庇荫的伞子，唯一可以依靠的就是你们。"

这样一番绝妙的演说，使林肯成功地为自己在公众面前树立起一个清廉诚实、平易可亲而且极其幽默的形象。它之所以有感

染力，就是因为它虽然是一个玩笑，但却没有任何夸夸其谈、模棱两可、道听途说、添油加醋的成分，并谁能抗拒这种演说的感染人心的魅力呢？

因此，语言要富有幽默感，必须言之有物，使其形象生动。以实求幽默，幽默有；以虚求幽默，幽默无。语言真实形象生动，能促人联想，产生"具象"，让人感觉余味无穷。

那么，具体来说，演讲者该如何使幽默言之有物呢？

1.随机应变，现场发挥

在演讲中运用幽默，应当自然，而不要勉强。如果你牵强运用幽默，你的听众可能会思想上开小差。与其仿效别人的风格，不如自己找一个轻松的、可以为演讲注入生气的幽默片段。

钢琴家波奇有一次应邀到福林特去演讲，结果大厅里落座的人稀稀拉拉，没有多少人到场听演讲，于是主持人感到场面有点尴尬。而波奇则在开场白中就以他特有的幽默化解了这种尴尬。他说："令人尊敬的福林特人到底很富有，来听我这样一场演讲还一个人买了好几张票。"波奇幽默的谈吐活跃了气氛，一下子拉近了他与听众的距离。

波奇的幽默就是随机应变，根据当时具体情况的发挥，而且都是对当时情况的真实反映，表达的是自己的真实感受，所以很自然，很真实。

2.制造悬疑

以热切的语调、真实的细节和充满戏剧性的情节引出你的幽

默力量，在关键的那句话说出之前，不妨制造一些悬疑。

演讲者不能迫不及待地要把妙语趣事说出来。因为笑话要发挥趣味的效果，一定要让听众有出乎意料的感觉。因此，要好好讲你的笑话、妙语或警句，不要操之过急，过早泄露天机。

当你说笑话时，对重要的、关键的字眼要加重，以强化笑话的效果，在重要的语句说完之后要停顿一下，以加深别人对它的印象。

因此，如果你想要抓住听众的心，就要以热切的语调、真实的细节和充满戏剧性的情节引出你的幽默力量。当你演讲的时候，要如行家一样把你的幽默力量运用自如，把幽默力量真实而自然地表现出来作为你演讲的重要部分。

的确，演讲中恰当地运用幽默的手法，既可活跃气氛，振奋听众精神，又能增强演讲的感染力和吸引力。在演讲中常用的幽默手法也很多，比如自我解嘲法、妙用笑话法、以矛攻盾法、正话反说法、大事化小法、适度夸张法等。当然，在演讲中运用幽默手法必须恰当，如果运用不当，则会适得其反。要让你的幽默语言言之有物，除了在使用方法上正确外，你还必须注意以下几个问题：

运用幽默手法时，一定要分清对象，分清是对敌人还是对朋友。这里有个态度和分寸问题，如果忽视了这个问题，就容易伤了自己人。

切忌使用那些具有歧视性的幽默，演讲时要把自己摆进去，

这样才不至于刺伤听众。

切忌使用粗下庸俗或肤浅滑稽的幽默，否则，不仅不会增强演讲的效果，反而会产生不良的影响。

尴尬瞬间，幽默让你一笑而过

演讲中，我们难免会遇到不好处理的尴尬情况，而尴尬的出现也并非是有人故意使绊，有时候，也是由于我们自身疏忽造成。此时，如何应对尴尬是一门不小的学问，反应出一个人的修养、机敏和智慧。那么，如何将尴尬巧妙化解呢？其实，面对这些尴尬瞬间，我们不妨一笑而过。

演讲中，对付尴尬和难看的局面，要想摆脱窘境，就要及时调整心态，做到提得起，放得下，想得开。这样不仅可以使自己不满的情绪得到平衡和缓解，还可以使别人对自己有一种全新的认识。

在实际演讲中，相信不少演讲者都遇到过这样的一些窘境，比如上台演讲时不小心跌倒了，或听众发笑时才发现自己衣服扣子扣错了，或拉链没拉好，或帽子戴歪了……遇到这种情形，演讲者多半会感到尴尬。笨拙的化解方法是，演讲者可以跟着听众笑到一块，在笑声中恢复常态。对此听众一般是不会介意你的失误的。而高明的化解方法，当然是演讲者能够借事发挥，说几句

补救的话。

演讲中遇到尴尬时，可以通过戏谑来舒缓气氛，创造一种轻松的氛围，尴尬自然荡然无存。

有一位叫阿丽的女孩，虽然没有出众的容貌和迷人的身材，但为人性情开朗、正直、幽默，许多人一旦和她交往几次，往往就被她的幽默所吸引，不知不觉地感受到她的魅力。

有一次，阿丽参加同学聚会，和同学们回忆着大学时代的美好生活。不料主人在招呼客人时，一不小心将一盆水打翻，全洒在了阿丽的脚上，把她那双新皮鞋泼湿了。主人不知所措，显得十分尴尬。阿丽却从容镇定地说："一般正常情况是洗脚之前先脱鞋。"一句话，使满屋的人都笑了起来，难堪的气氛也一扫而光，大家更加佩服阿丽了。

这里，我们发现，阿丽是一个大度、幽默、可爱的女孩，在面对他人不小心将水泼到了自己的新鞋上时，可能很多人都会沉不住气，甚至大发雷霆，但阿丽开了个玩笑，不仅轻轻松松地解除了双方的尴尬，还给众人留下了好印象。

获得奥斯卡最佳女主角奖的雪莉·布丝莱上台领奖时，由于跑得太急，上台阶时绊了一下，差点摔倒。她在致辞时说道："我经历了漫长的艰苦跋涉，才到达这事业的高峰。"这句应变的开场白简直妙不可言。她将上台领奖遇到的挫折与拍电影历经的艰辛巧妙地结合在一起，既揭示了达到事业顶峰的真谛，同时又化解了险些摔跤的尴尬，可谓一举两得。

　　总之，我们可以看出来的是，演讲中，要想摆脱尴尬，我们首先要做到的就是放开心境，拿自己开开涮，而不是费劲力气自我吹嘘，自我标榜。开自己玩笑，是从平凡的、趣味的、不甚完美的角度来观看自己。

第10章

幽默说话术，让你立足职场变得轻松

现代职场中，人们总是处于紧张、忙碌的工作氛围中，很多人深感压力之大。如果我们能开开玩笑，说说笑话，那么，必能减少冲突，带来别样乐趣。的确，人际幽默是生活的调味品，是人际交往的润滑剂。而职场幽默是工作晋升的动力，工作中幽默感的价值在于给工作来点幽默调料，能幽默地表达你的观点，在笑声中向用人单位推荐自己、幽默地提出你的观点、幽默地说服客户、和谐地与同事相处，每一句幽默的语言都是一个可贵的闪光点，幽默是一种爱，能使这种紧张的工作环境变得轻松些，让人们变得快活些！

说幽默的话，让彼此在笑声中达成一致

任何一个企业和公司内部，每个员工都有自己的特长，但如果人人都"单枪匹马"，是无法完成那些需要精密配合的工作的。然而，身处职场，一旦我们组成了一个相互协作的团队后，就出现了取长补短的奇迹——轻而易举地取得工作成绩。尺有所短，寸有所长。的确，在一个大集体里，干好一项工作，主要依靠的往往不是一个人的能力，而是各成员间的团结协作配合。团结大家就是提升自己，因为别人会心甘情愿地教会你很多有用的东西。在与同事之间的关系处理上，是处处要胜人一头，还是合作互助？实际上这不单是人际关系，而是道德修养问题。同事之间关系和睦融洽，办公室氛围健康向上，对你个人来说，是莫大的好事，对公司的运转和创益也会产生良性影响。如何和睦相处？我们不妨发挥自己的口才，经常运用幽默让合作双方在笑声中达成意见的一致。

同事间常常需要合作才能完成一件工作，但由于经验、能力等各方面的差异，难免会出现意见的分歧，但不必争个输赢、高低，也不必耿耿于怀，结怨报复。若在冲突时善意地运用幽默，

则可能化解一场激烈的冲突。其实，面对冲突毫不畏惧的人，充其量只能称作是匹夫。但是，面对冲突，懂得运用机智和幽默来化解冲突的人，才是真正有智慧的勇者。

实际上，职场内部，常常不乏令人碰得头破血流仍然得不到解决的问题，但是，如果来点幽默，却往往会迎刃而解，使同事之间化干戈为玉帛。

总之，幽默是一种智慧的表现，具备幽默感的人到处都受欢迎，可以化解许多人际冲突或尴尬的情境，往往能使人怒气顿消，化为豁达，不仅让自己心情愉快，亦可带给他人快乐，难怪有人说，笑是人与人之间最短的距离。

小小幽默能促成交易的达成

幽默的沟通方式是人最容易接受的沟通方式之一。在使用幽默的沟通方式时，人们往往处于一种放松愉快的情景中，沟通的双方往往会降低或放下防备，以一种积极开放的心态，更加乐意倾听和理解。幽默是建立信任、巩固关系的最佳策略，在办理业务的工作中，如果你能够让客户笑，那么，销售工作就会顺利得多。

一次，一名房地产经纪人带着他的顾客来到他所推销的房屋内，对他的顾客说："诚实待客是我们公司的一贯宗旨，我们将

向您介绍房子的所有优缺点。"

"那么，这幢房子的缺点是什么呢？"

"哦，首先这幢房子的北面一千米处是一个养猪场，西面是一个污水处理厂，东面是个氨水厂，南面则是个酱制品公司。"

"那么，它有什么优点呢？"

"那就是，您随时都能判断当天的风向。"

在产品推销中运用幽默技巧是很有成效的，它能消除推销员在顾客面前的紧张感，使整个过程轻松愉快，充满人情味。推销大师皮卡尔说："交易的成功，是口才的产物。可以说，推销的实质就是幽默地说服。"由此可见幽默在推销说服中的重要性。

同样，身处职场，很多时候，我们也需要接触各种各样的客户，如果我们也能和客户开开玩笑，在幽默中展示自身的可信度，在幽默中证实产品的品质、展现自身的优势，在调侃中不知不觉地让客户满意，那么，我们的业务工作也就成功了。

下面还是以房产推销为例：

一名房地产经纪人带着一对夫妇向一栋新楼房走去，他为了成交，一路上一直在喋喋不休地夸耀这栋房子和这个社区。

"这是一片多么美好的地方啊，阳光明媚，空气洁净，鲜花和绿草遍地都是，这里的居民从来不知道什么是疾病与死亡。"就在这时，他们看见一户人家正忙碌地搬家。

这位经纪人马上说："你们看，这位可怜的人……他是这里

的医生，竟因为很久都无病人光顾，不得不迁往别处谋生了！"

该经纪人的一句幽默似乎是在用事实表明该楼区的生活环境如此之好，这样的一句话用在此时此地、此情此景中恐怕要比一千句自夸更有说服力。

但面对初次见面的客户，在见面后便立即无的放矢地说笑的话，还真得是唐突了些，但是如果在面谈不顺、言穷词拙、无法有很好沟通的情形下，那么适当的幽默却是一副极有效的清凉剂，可以缓和当时的尴尬气氛。幽默是使面谈可以再度顺利地继续下去的技巧，在面谈的场合是非常必要且重要的。

比如说，在与客户沟通时，如果他们拒绝你，对你说"不"，你要感谢他们。告诉他们，他们所说的"不"让你离"是"更近了一步；告诉他们，你是多么欣赏这一点；告诉他们，你平均每听到5个"不"才能得到1个"是"，而现在你还需要3个"不"。问问他们身边是否还有对此不感兴趣的人，以便得到"是"之前的另外3个"不"；告诉他们，你需要听到更多的"不"，因为这可以让你更快地得到"是"。这会让他们笑翻天，这就是幽默的力量。你在销售时运用了多少幽默？是否多得足以让你达成交易。

因此，你必须培养出懂得如何幽默的特质，才能在与客户沟通不畅、面谈不顺时，适时切入幽默的言谈举动，缓和当时局促的气氛，使沟通得以顺利继续下去。

以下是运用幽默实现更多销售的指导原则：

1.不嘲弄客户

客户就是我们的上帝，这一工作原则我们必须记住。同时，开客户的玩笑实在风险太大了，如果客户能接受，倒也无妨，但如果你的客户是个严谨而不喜好玩笑之人，你的一句玩笑话，就很可能让合作泡汤。

2.不要在客户面前开其他人的玩笑

你心想，开其他人的玩笑，客户必会会心一笑，诚然，客户可能会被你的笑话逗乐，但如果客户认识这位被嘲弄的对象，或者刚好与这个人有关系，那你就犯了一个大错误了。而如果你的客户转述了你的笑话，那么，这其中肯定会存在误传或更改，到时你必定会倒霉。

3.自我调侃最安全

这是最为安全的一种幽默形式，自我调侃，让客户会心一笑，是有助于成交的。而事实上，总是有一些人，他们是缺乏幽默感的，即使他精心准备，周围也总是一片沉寂，这是相当可怕的。因此，在向客户正式讲笑话之前，你最好事先先确定一下你讲的这个笑话是否真的好笑。当然，不能否认的是，也许你的客户也是个没有幽默感的人，这样，即便是再好笑的笑话，他也可能听不懂。

4.在讲笑话之前先认真倾听

在你讲笑话之前，应该先对对方进行了解，如果你确定客户

不会喜欢你的笑话，那么，你最好不要开口。

5.尽量以个人经历作为笑话的素材，避免讲一些转述的笑话

你的笑话，越是个人化的，越是新颖，越能保持其"原创性"，你可以讲一讲发生在办公室里的、发生在你孩子身上的、或者你孩提时代的趣事，而如果转述他人的笑话，而这一笑话恰巧客户已经听过，那么，只会适得其反。

6.运用幽默将问题变成机会

比如，电话营销中，客户会问及产品的价格："这需要多少钱？"你可以说："噢，这个电话是免费的。"

7.注意时机

掌握好时机，巧妙地运用幽默会让你赢得客户，不要不合时宜地讲笑话。

总之，幽默是销售过程中所需掌握的最重要的沟通技巧之一。如果你能够让客户笑，那你就能够让他们买。在使用幽默的方式沟通时，人们往往处于一种放松和愉快的情景中。人们总是喜欢与能让自己快乐的人交朋友或者建立某种联系。能够以一种愉悦的方式让自己留在客户的记忆中，这种记忆是深刻和美好的。

言语诙谐有趣的同事更讨人喜欢

身处职场，就必须善于与他人交往。职场人际关系的好坏，

不仅涉及我们工作时的心境，更关系到我们的职场命运。俗话说，"地利不如人和"，就是这个道理。心理学家指出，人际关系是一种重要的社会心理现象，通常称之为事关人生成败的"心理氛围"。一个职场人士如果能与周围的同事保持良好的关系，经常与他人进行情感交流，就会感到心情舒畅，感到"安全"。不仅如此，这种人的郁闷可以得到排遣，精神可以得到升华，这又有助于人的心理健康。而幽默在人际交往中的作用是不可低估的。美国一位心理学家说过："幽默是一种最有趣、最有感染力、最具有普遍意义的传递艺术。"幽默的语言，能使社交气氛轻松、融洽，利于交流。人们常有这样的体会：疲劳的旅途上，焦急的等待中，一句幽默话，一个风趣故事，能使人笑逐颜开，疲劳顿消。

因此，我们可以说，在职场的人际交往中，幽默具有十分重要的价值。人们都喜欢那些言语幽默的同事。一项调查显示：幽默的人最受欢迎，被认为是最有魅力的人。幽默是一种生活智慧，幽默是一种人生艺术，幽默是人生的一种境界和心态。幽默在谈话中之所以重要，不在于滑稽的表现，而是发挥人性的温暖，展露理性的笑容，使听者感到喜悦和轻松，进而让听你说话的人喜欢上你。而只要他们喜欢上了你，无论你说什么，他们都会乐意听下去。你给他人留下亲切可敬的印象，就能使你的观点为他人所认同。

几乎所有的人都懂得在职场处理好人际关系的重要性，但往

往找不到有效的方法。其实很简单，在言谈中，能真正地寻找到工作中的某些发笑的因素，适当地在工作中开开玩笑，就能让同事舒缓神经、减轻压力。其实，一些难以直说的观点往往可以通过开自己玩笑的方式表达出来。

此外，幽默也是你自身修养的表现。只有真正有修养、乐观开朗的人，才会实现幽默的效果，而不是刻意地伪装或模仿。因此，在职场制造幽默一定要保持乐观的心情并培养自己的机智敏锐。

在办公室这个无风还起三尺浪的地方，我们要注意开玩笑的艺术，哪怕是最轻松的玩笑话，都要注意掌握分寸。当然也不是要你死气沉沉，三缄其口。

为此，你需要记住：

1.捉弄人的玩笑很危险

捉弄别人，一般都不是善意的，而是对他人的不尊重，捉弄人的玩笑一般都是危险的，因此，它绝不在开玩笑的范畴之内，是不可以随意乱说的。轻者会伤及你和同事之间的感情，重者会危及你的饭碗。即使对方当时没有表现出来对你的不满，但也会记恨于你。

2.不要开上司玩笑

上司永远是上司，即使你们曾经是同学，现在在工作之外是朋友，但也不要自恃与上司的交情而与之乱开玩笑，尤其在有外人在场的情况，更不可与上司开玩笑。

3.不要拿同事的缺点开玩笑

兴许你会认为你已与对方相识数年，对其甚是了解，但有时候，在你看来的玩笑，却会被对方认为是嘲笑和讽刺。倘若你开玩笑的对象是个敏感的人，那么，你的一句无心的话就很可能会触怒于他，从而使得双方交恶。

4.和异性开玩笑别过分

办公室内部，开开玩笑能缓解大家压力，异性之间偶尔开一个玩笑，也能缓解气氛，但切记异性之间开玩笑不可过分，尤其是不能在异性面前说黄色笑话，这会影响自己的形象。

幽默的管理者，更深得人心

现代社会，幽默是每个人，包括领导者、管理者人格魅力的体现。人们往往更愿意追随那些有魅力的领导者，因此，幽默不仅能使你成为一个受欢迎的人，使别人乐意与你接触，愿意与你共事，它还是你工作的润滑剂，促进你更好更快地完成工作，这往往是采用别的方法所不能达到的，也是成本最低的一种方法。

运用幽默进行管理，管理者往往可以取得很好的效果。据美国针对1160名管理者的调查显示：77%的人会在员工会议上以讲笑话来打破僵局；52%的人认为幽默有助于其开展业务；50%

的人认为企业应该考虑聘请一名"幽默顾问"来帮助员工放松；39％的人提倡在员工中"开怀大笑"。一些著名的跨国公司，上至总裁下至部门经理，已经开始将幽默融入到日常的管理活动当中，并把它作为一种崭新的培训手段。

任何一个领导者，在工作中，的确应该抱着严肃的态度做事，但却不能不苟言笑，整天紧绷着脸。我们也许不会嘲笑公事上的错误，但是在纠正错误的时候，也不能让它阻碍公事的正常运转，领导者能够也应该设定这种工作步调。如果我们实施工作方案是为了成功，就应该维持活跃的气氛，这时领导者应该自己先表现出乐观来，继而带动你的团队。

所以，幽默就像一把钥匙，会打开下属心中的锁，巧妙地运用它，不仅会打开彼此心中的结，同时还会增强彼此间的感情。

可以说，幽默是一种很重要的外交手段，学会了它，你就将掌握人际关系的先机。所以，难怪有人会说："没有幽默感的语言是一篇公文，没有幽默感的人是一尊雕像，没有幽默感的家庭是一间旅社，而没有幽默感的社会是不可想象的。"

在现今社会，要做好领导工作就必须做好沟通工作，而幽默中所体现的智慧往往使沟通更顺畅有效，不仅能使下属在幽默中得到启示，还能使持有反对意见的人在谈笑中败下阵来。这就是幽默领导力。幽默领导力是现代领导者必须具备的重要能力和素质，它是指领导者运用幽默的方式对组织进行管理和领导，以使工作环境变得轻松自在，增强团队凝聚力。

美国的一些企业曾经做过实验，证明了幽默确实能够改善生产力、提升士气，并有助于团队合作。某些企业甚至让员工接受幽默训练，想尽办法增加员工的幽默感。在科罗拉多州的迪吉多公司，参加过幽默训练的20位中级经理，在九个月内生产量增加15％，病假次数减少了一半。

在工作中，我们时常可以看到，有的管理者幽默，做报告时饶有风趣，群众和下属们都爱听；做思想工作时语言生动，容易入耳入心，群众和下属都乐于接受；平时和下属接触时，大家觉得他可亲可爱，都愿意和他接近。这样的管理者，必然会赢得众人的尊重和爱戴，人际关系也会协调得好，在工作中会收到事半功倍的效果。

总之，在管理工作中、与下沟通时，适当地使用"幽默"这个杀手锏，不仅能帮你解决棘手的问题，而且可以让你的管理工作锦上添花。

领导幽默有分寸，不能随意开玩笑

对于领导者来说，幽默感是亲和力的直接表现，也是与下属沟通的金钥匙。幽默是一种值得推崇的特质，而有幽默感的领导往往也会受到更多的追捧。领导用幽默作为一种行为或言语风格，是指领导者讲话诙谐风趣，在面对员工或同事时能不失时机

地幽默一下，做到活泼而不失庄重。

因此，领导者不但要懂得幽默，更要懂得拿捏幽默的分寸，不然很有可能幽默不成，还把下属给伤害了，那就实在不可取了。

但不少领导者都很迷惑，怎样才能把握幽默的分寸呢？

1.不挖苦，不嘲笑，不模仿

以挖苦、嘲笑他人为基础的幽默，是无趣的，也是会造成他人反感的，反而会失去幽默的魅力。另外，应注意幽默语言的凝练，一味唠唠叨叨、耍嘴皮子，也只会有损你的形象。

2.注意场合和时机

幽默要看场合，还要把握好时机。日常工作生活中，我们可以在工作之余、茶余饭后幽大家一默。但某些场合，如严肃的场合、庄重的会议等一些场合上则不宜说幽默的笑话。一旦发现幽默不能令大家高兴，或者把别人带到愉快的气氛里，你就要收住。

3.明白什么该说，什么不该说

就算是在一个大家都欢迎喜剧人物的工作场合，很显然有一些玩笑也是不能开的。在工作期间，应避免恶意的玩笑或恶作剧、尖酸刻薄的风凉话、切不可用宗教信仰、性别、民族或者种族问题进行调侃。

4.幽默应注意对象

不是什么人都可以说幽默笑话的，要区分不同的性别、身

份、地位、阅历、文化素养和性格。因为我们身边的每个人，因为身份、性格和心情的不同，对幽默的承受能力也有差异。一般来说，晚辈不宜同前辈开玩笑；下级不宜同上级开玩笑；男性不宜同女性开玩笑。在同辈人之间开玩笑，要注意对方的情绪信息和性格特征。如果对方性格外向，能宽容忍耐，幽默稍微过大也无妨；若对方性格内向，喜欢琢磨言外之意，幽默默就要慎重了。对方尽管平时生性开朗，但若恰好碰上不愉快或伤心之事，就不能随便与之开玩笑。相反，对方性格内向，但正好喜事临门，此时与他开个玩笑，幽默的氛围也会一下子凸显出来。

5.运用你自己的喜剧素材

个人经历恰恰是有执行力的领导最正宗的幽默源泉，学会在你的生活中找找带有幽默色彩的场景，如：

你曾说过的好玩的事或者别人告诉你的事；

你的窘事，不论是心理上的，与人交际上的，还是生理上的；

你的尴尬瞬间或者发生过的出乎意料的事；

每一次的改变或学习；

生命中的困境。

6.要有正确的态度

幽默时，态度要友善，装腔作势、揭人隐私、笑里藏刀、指桑骂槐、牵强附会、含糊其辞、低级庸俗、油腔滑调等，都是说

幽默笑话的大忌。

幽默的过程，是感情互相交流传递的过程。借幽默来对别人冷嘲热讽，发泄内心厌恶和不满感情，这种玩笑就不能称为幽默，别人一定会认为你不够尊重他人，以后也不会愿意和你继续交往。

7.幽默内容要高雅

幽默的内容取决于幽默者的思想情趣与文化修养。幽默必须言之有物，不能光耍嘴皮子，那叫做刻薄。刻薄的人总是拿着剑去刺伤别人，却不检讨自己，这种人十分惹人厌恶。幽默的人，给别人的感觉是温暖、仁慈、敦厚的，说出来的话能让人哭、让人笑、让人反省、回味无穷。即使是讲笑话，除了令人发笑之外，也要讲究深度，如果只是为了开玩笑而已，那会令人倒尽胃口。

可见，掌握幽默的分寸是非常重要的。轻松幽默地开个得体的玩笑，可以松弛神经，活跃气氛，营造出一个适于交际的轻松愉快的氛围，因而幽默的人常常受到人们的欢迎与喜爱。但是，玩笑一旦开得不好，幽默过了头，效果就会大打折扣。

幽默是一个人融入职场的敲门砖

一个人如果能与周围的同事保持良好的关系，经常与他们进

行情感交流，就会感到心情舒畅，有安全感。不仅如此，这种人的郁闷可以得到排遣，精神可以得到升华，又有助于心理健康。

幽默是一种生活智慧，幽默是一种人生艺术，幽默是人生的一种境界和心态。幽默在谈话中之所以重要，不在于滑稽的表现，而是发挥人性的温暖，展露理性的笑容，使听者感到喜悦和轻松，进而让听你说话的人喜欢你。而只要他们喜欢上了你，无论你说什么，他们都会乐意听下去。你给他人留下了亲切可敬的印象，就能使你的观点为人家所认同。

某单位招聘了一批90后见习小姑娘。这些初涉职场的女孩，似乎什么都懂，给本来死气沉沉的办公室带来了生气。

一次，康震教授正在央视《百家讲坛》开讲苏轼，王主任很喜欢看这类节目，就与一个同事说起此事。这批见习生中的小顾见状，走过来插话了："苏轼！我知道，他又叫苏东坡。"一旁的小叶来劲了，冲着小顾讥笑道："又来了，你肚子里的东西倒蛮多嘛。那我考考你，'三苏'是说哪三个人？"只听小顾马上脱口而出："爸爸叫苏联，儿子叫苏东坡，女儿叫苏格兰。"老王与同事顿时面面相觑……不待他们缓过神来，只听小叶笑着骂道："低能啊！苏家都跑到英国去了。"小顾不示弱："这你也不知道呀，苏格兰就是大名鼎鼎的苏小妹。"

大家再也忍不住，哄堂大笑起来。大家看到小顾一本正经的模样，不敢相信她开玩笑竟然可以开到这个份上，彻底被雷倒了。

　　从此，王主任对浑身都是幽默细胞的小顾留了心。一年后，这批新人到了毕业找工作的时候，只有小顾被这家单位留了下来，因为大家都从内心里喜欢她。工作再紧张，身边有个"活宝"在，就会不时爆出一阵阵的笑声。

　　在工作中，我们都喜欢像小顾一样幽默的同事，我们也愿意支持他们，因为他们总能给我们带来无穷无尽的欢乐，总是能在我们在繁重的工作之余让我们开怀一笑。

第11章

掌握社交幽默技巧，打造良好人际关系

在社交中，言谈举止是一个人精神面貌的体现，要开朗、热情，让人感觉随和亲切，平易近人，言谈要有幽默感。在社交中，谈吐幽默的人往往能够取胜。没有幽默感的人在社交中往往会失败。在交际场合，幽默的语言极易迅速打开交际局面，使气氛轻松、活跃、融洽。在出现意见有分歧的难堪场面时，幽默、诙谐便可成为紧张情境中的缓冲剂，使朋友、同事摆脱窘境或消除敌意。此外，幽默、诙谐还可用来含蓄地拒绝对方的要求，或进行一种善意的批评。总之，幽默口才绝对会帮你打造良好的人际关系！

幽默是消除紧张、促进人际交往的润滑剂

美国心理学家赫布·特鲁说："幽默可以润滑人际关系，消除紧张，减轻人生压力，使生活更有乐趣。它把我们从个人的小天地里拉出来，使我们一见如故，寻得益友。它帮助我们摆脱窘迫和困境，增强信心，在人生的道路上知难而进。"所以，我们说幽默是一种奇妙的沟通方式，只要在一次沟通中融入了幽默的元素，那这次沟通就是愉快的、令人愉悦的。或许，我们不知道，幽默可以建立良好的沟通力，从而帮助我们解决一些生活中的难题。

王蒙先生不单单是一个作家，而且还是一个出了名的幽默大师，在他的许多文学作品中都蕴含着幽默、诙谐、犀利、豁达的语言。

有一次，王蒙先生应邀到上海某大学演讲，当时台下同学的积极性并不是很高，于是，风趣的王蒙先生便以幽默的方式开了头，他一开始是这样说的："由于我这几天身体不太好，感冒咳嗽，不太能说话，还请大家谅解。不过，我想这也不一定是坏事，这是在时刻提醒我——多做事少说话……"他的这句幽默的

开场白立即把台下同学的情绪调动起来了，于是，台下的同学纷纷竖起耳朵来听王蒙先生的讲座。在他的整个演讲过程中，诙谐的语言不断，台下的掌声也不断。

当王蒙先生提到读者与作者的关系以及如何更好地把握一部作品的时候，本来在台下同学看来这是一个多么严肃的话题，但王蒙先生却以风趣的语言作了这样的解说："……我希望大家在评论一部作品时，不要轻易下结论，要反复地多读几遍，读懂，读透。千万不要像有些人那样，看到我走路先迈左脚，就说'王蒙犯了左倾主义'；看到我先迈右脚，又说'王蒙又犯了右倾主义'；如果我因为感冒咳嗽，用手绢擦了擦流出的鼻涕、眼泪，他就喊'王蒙现在又沮丧、颓废啦'"听到如此犀利、生动的诙谐语言，台下的同学完全被王蒙先生的风趣所吸引，他们的热情被点燃了起来，在王蒙先生结束演讲之后，许多同学还回味无穷，想再听他讲一次。

在日常交际中，幽默就像是必不可少的调味剂，如朋友聚会，结伴旅行，当大家都感到疲惫或长时间静坐无语的时候，这样的气氛是让人感到沉闷和难受的。在这时，假如一个幽默的人说了一句笑话，那一定可以改变当时的气氛，从而增加快乐，让人们忘记暂时的疲惫和烦恼。若是在朋友聚会中适当开个玩笑，那也可以带给大家一个活跃的气氛，让彼此的友谊更加坚固长久。

众所周知，乱丢垃圾是一个十分让人头疼的问题，不过，荷

兰的一座城市却用了一个十分有趣的办法，让这座城市变得非常干净。这个城市曾采用增加罚金和加强巡视的方法，不过这样所起到的效果是很小的。后来，城市管理者想到了一个办法，那就是在垃圾桶上装一个录音机，让垃圾桶和那些乱丢垃圾的人"说话"，每当有垃圾倒入垃圾桶里之后，垃圾桶就会说一段笑话，不同的垃圾桶有不同的笑话，用这样的方式来吸引更多的人主动自觉地倒垃圾，当然，所起到的效果是很大的。

类似的幽默在美国也有，在美国的一些垃圾桶，每当有杂物丢入之后，它就会说："好吃，好吃，再给我吃点。"由此可见幽默的神奇之处在于，当我们善于用幽默表达意见之后，更容易被人接受，这样一来，彼此的沟通自然会更加和谐。

在日常交际中，高情商的人善于运用幽默，透过幽默的表达方式，让听众更容易接受到他话里所表达的意思。幽默本身就有一种神奇的、令人感到快乐的力量，因此，我们也说，幽默是一种奇妙的沟通方式。

交际中善用幽默有助于达到目的

人们参与社交应酬，总有各种各样的目的，要达到这些目的，我们就必须营造和谐、轻松的交际氛围，此时，幽默的作用就明显地体现出来了。社交生活中，一个说话幽默、风趣的人，

往往受到人们的欢迎。因此，我们可以说，幽默是社交中的"强心剂"。

幽默是一种高级的智力活动，在语言使用过程中，善用幽默有助于达到我们的目的。

苏轼有位姓刘的朋友，因晚年患病，鬓发、眉毛尽皆脱落，鼻梁也快断了。一天，苏轼同许多朋友相聚饮酒，这位姓刘的朋友建议大家各引古人语相戏。苏轼对这位姓刘的朋友说："大风起兮眉飞扬，安得壮士兮守鼻梁"，引得满座大笑。

这里，苏轼用仿拟的手法制造了幽默。所谓仿拟，指的是故意模仿套用已有的固定语言形式来叙说的一种表达方式，主要特点是套用现有的词、句、篇等语言形式来揭示所描述事物的内在矛盾，创造出新的意境。而此处苏轼仿的是汉高祖刘邦《大风歌》中的"大风起兮云飞扬，威加海内兮归故乡，安得猛士兮守四方"的首尾两句，两相对照、趣味盎然。社交中，幽默除了能帮助我们达到目的外，它还能调解沟通氛围，化解沟通中的障碍，并使沟通气氛更热烈。

具体来说，在应酬中，运用幽默这一技巧可以达到这样的效果：

1.化解困境

幽默是一种人生智慧，它能让你和他人零距离接触，它温和而不软弱，含蓄而不张扬，机智而不圆滑，它是"天真"与"理性"的巧妙结合，帮你化解困境，在社交中轻松自如地面对

一切。

1972年，时任美国总统的尼克松访问中国。"不到长城非好汉"，尼克松在工作人员的陪同下也来登长城，但因为腿有隐疾，还没走几个台阶，他就走不动了。这时候，有记者问："总统先生，您不想登上最高峰？"

尼克松轻松地说："昨天我与毛泽东的会见，已经是最高峰了。"

这里，我们看出，尼克松总统的回答很巧妙，虽答非所问，可是妙趣横生，机智可嘉。这就是幽默的效果，可谓"余音绕梁，三日不绝"。

2.缓解紧张情绪

适当的幽默，可以缓解对方紧张的情绪，消除对方的疑虑，使交往畅通无阻。

第一次世界大战时，一个美国青年应征入伍。临行前，他忧心忡忡地去拜访一位智者，向他道出了对自身安危的忧虑。

智者捋着胡须，笑眯眯地说："孩子，当兵有两种可能：一种是留在后方，一种是送到前方。如果留在后方，那你担心什么呢？就算送到前方，也有两种可能：一种是受伤，一种是安然无恙。如果安然无恙，你又害怕什么呢？如果你不幸受伤了，那也有两种可能：一种是受了轻伤，一种是受了重伤。如果受了轻伤，你当然也不必担心。就算受了重伤，也有两种可能：一种是能治好，另一种是治不好。如果能治好，你还担心什么？就算治

不好，也有两种可能：一种是死不了，另一种是死了。死不了当然也不用担心，至于死了嘛，也好，既然已经死了，那还担心什么呢？"

听了老者的话，青年果然不担心了，雄赳赳地奔赴战场了。

老者的话，固然有自欺欺人的意味，但细细品味，其中却充满了黑色幽默，大敌当前，这种给年轻人的安慰，还是颇能有效地缓解其紧张心理的。

幽默可以缓解人们的情绪，表现出人们身处困境却又不悲叹的乐观精神。

3.化解尴尬，赢得掌声

社交中，情形千变万化，谁也不能准确地预料接下来会发生什么，有时候突如其来的不快可能让人措手不及，使原本轻松祥和的气氛变得十分尴尬，这时，借助幽默可以扭转乾坤，将那些下不来台的人和事，拯救出茫然无措的境地。

4.幽默可以委婉地达到目的

用幽默来传达信息，有利于暗示对方，从而委婉地达到社交的目的。用这种方法，可以不着痕迹地表达你的观点，同时让自己和对方都可进可退，处于比较灵活的地位，并且不会太难堪。

交际中的幽默能提升人气

幽默是思维敏捷的标志，也是才华和见识的重要象征。一个具有幽默感的人，他的身上会散发迷人的魅力，这种魅力是别人很难达到的。一个谈吐幽默的人，也会因为谈吐风趣而在交际场合如鱼得水、游刃有余，受到别人的欢迎和追捧。在日常交际中，我们不妨多多尝试一下幽默的谈吐方式，它不仅可以弥补一个人口才上的不足，还能够成为与别人进行有效沟通的助推器，从而帮助我们在交际场合提升人气，获得丰厚的人脉资源。

有一个刚刚大学毕业的小伙子来到一家大型民营企业工作，在较短的时间内，熟练了各种工作流程，取得了可喜的工作成绩。老板对这位聪明能干的小伙子十分赏识、非常高兴地对他说："小伙子，好好干，我是不会亏待你的。"

按照别人的思维，对这种场面话顶多是逢场作戏或者默不作声。不过这个小伙子却并不这样认为，他觉得这是以此不可多得的机遇，应该将这种听多了的场面话当成老板对自己的承诺。于是，他轻松地一笑，对老板说："我想您一定会把这句话放到我的口袋里的。"老板一听，觉得这个小伙子非常有性格，于是就开怀大笑起来，爽快地应到："放心吧，一定会给你放到口袋里去的。"不久之后，他就获得了一个大大的红包和加薪的奖励。

这位年轻的小伙子是很聪明的，一句幽默的话就加深了在老

板心目中的印象，同时也给自己的工作带来了丰厚的回报。如果在老板对他进行鼓励的时候，他只是表现出一种诚惶诚恐的表情，说些努力工作的话，恐怕就不会在较短的时间内获得加薪和奖励。

当年，冯玉祥将军想通过报纸征婚来寻找自己的人生伴侣。消息传出去之后，很多名门闺秀、小家碧玉以及时髦女郎纷纷前来"面试"。冯玉祥将军在面试的时候问她们说："你为什么要选择嫁给我呢？"

有人回答说："因为您是个大英雄，我爱慕英雄！"还有人回答说："因为您是大官儿，和您结婚就是官太太。"冯玉祥对他们的回答都感到十分不满意。毕竟，他不太喜欢这些只看重他的地位和权势的女人。

在这个时候李德全出现了，她的回答让冯玉祥感到很意外："上帝怕你做坏事，所以就派我来监督你。"冯玉祥被这一句机智俏皮的话征服了，两个人很快地就结下了百年之好。

"上帝怕你做坏事，所以就派我来监督你！"这句话不仅表现了李德全的胆识和魄力，更显示出了她的机智和幽默。在众多应征的佳丽当中，李德全未必是最优秀的，但是她那幽默的谈吐为自己的形象增色不少，让冯玉祥将军感到眼前一亮，顿时对她产生了爱慕之情。

在现代交际生活中，幽默起着润滑剂的作用。幽默能够让沉闷的场合变得轻松活跃，从而让别人发出喜悦的笑声，产生愉快

的心情。一个谈吐幽默的人能够在交际场合中如鱼得水，游刃有余，更能提高自己的魅力，获得超强的人气，无论走到哪里，都能受到别人的欢迎。

人生正是有了幽默的存在，才有了无穷的乐趣。因此，我们更要学会和善于运用幽默，增加自己的人格魅力，从而达到拓展交际圈子的目的。谈吐幽默的人无论走到哪里，都能给别人带来轻松和笑声，更自己带来喜悦和成功。

幽默助你化解交际中的不和谐因素

我们参与社交，难免会遇到一些问题，如果处理得不好，那么，交际双方便陷入尴尬、难堪或者对立的境地，甚至引发争端，而此时，如果你能适当开个玩笑，让大家付诸一笑，那么，问题便可在笑声中结束。因此，可以说，幽默是化解交际中不和谐元素的一剂良方。

那么，哪些问题可以归结为交际中的不和谐元素呢？我们又该怎么样幽之一默呢？

1.拒绝他人无理的要求

拒绝的话一向不好说，说不好就很容易得罪人。因此拒绝他人时，要讲究策略，最重要的一点就是含蓄委婉。而幽默地拒绝正能巧妙地体现这一点。用幽默的方式拒绝别人，有时可以故作

神秘、深沉，然后突然点破，让对方在毫无准备的大笑中减少失望。

张小姐长得十分美丽，某客户一直对她十分垂涎。一天，客户又来到张小姐的公司，对她纠缠不休，因为该客户是公司重要合作伙伴，所以张小姐不敢得罪他。她灵机一动，笑吟吟地对客户说："王总，要不待会儿我们三个人去拳击馆玩玩吧。"客户一愣："拳击馆？我、你还有谁啊？"王小姐神秘地说："我男朋友啊，他可是去年的业余拳击比赛冠军呢，而且是个喝酒外行、喝醋内行的家伙。"客户一听，愣了，说："那你们去玩吧，我今天还有事。"说完，就灰溜溜地走了。

张小姐利用幽默，既委婉地拒绝了客户，又保住了客户的面子和自己的尊严，试想，如果她当时严词拒绝或者委曲求全，结果都不会太好。她用幽默显示了自己的态度和智慧，同时软中带硬，让客户知难而退，达到了避免其再来纠缠的目的。

2.反驳他人恶意的攻击

如果我们面临不好回答的问题，而又不能以"无可奉告"进行简单的说明时，不妨幽默一下，一笑了之。

总之，社交中，我们是不能保证交流一直沿着我们所希望的方向前进的，交际中的不和谐因素也总会不断出现，但只要我们善于运用幽默的神奇魔力，那么，这些不和谐因素都会化解！

几句幽默的话，让你掌握交际中的主动权

很多时候，我们进行社交活动，是希望拥有更多的朋友。但朋友都是由陌生人发展而来的，相当一部分朋友是萍水相逢认识的，并且认识的方式众多。比如，凭一个会心的微笑、几句得体的问候话、一个礼貌的动作等，但相比之下，只有幽默会帮你引来他人的注意，从而获得交际的主动权。

的确，幽默是人类智慧的最高境界。笑是一种本能，但人却非时时刻刻都能笑，笑是在一定的条件作用下才会发生的。正因为幽默与笑声形影不离，使人感到快乐的，所以，一个说话幽默风趣的人，自然比木纳呆板的人受大家的欢迎。

如果我们想掌握交际的主动权，就应该迈出交际的第一步，大胆地与人交流，并适时地制造幽默。当然，要让幽默真正起到作用，我们还必须做到以下几点：

1.找出交往的契机，主动伸出友谊之手

生活中，并非所有的人都是善谈的，有的人沉默寡言，虽然有交谈的欲望，却不知从何谈起。这就需要你改变态度，率先向对方发出友好信号，激起对方的谈话欲望，以达到交流的目的。

2.学会与人分享幽默

这是相对第一步而言的，假若你能以一个幽默的话题使对方产生了浓厚的兴趣，那么无论他是一个如何沉默的人，都会发表一些言论的。

　　幽默可以拉近人与人的距离，因为它不但使自己的心情变得愉快，而且可以使自己与人同笑，让别人一起分享你的快乐。因此，在谈话的停滞之中，你一定要想法不断地激起对方的兴趣，使谈话能够一直持续下去。很多人都觉得只有自己快乐了，那么整个世界都将会是明亮的，但事实不是这样的。因为我们生活在一个大家庭中，我们会接触着不一样的人和事物，只有自己一个人快乐是如此的自私，而与人同乐，则更大的财富。

　　当然，要通过幽默掌握交际中的主动权，让对方喜欢你，除了要有幽默的天赋外，更多的则要通过平时多积累充电、广泛培养兴趣爱好来培养。具备了这种能力，在和各种类型的人进行交往时，就很容易寻找到共同感兴趣的话题，有利于拉近人与人之间的关系。

　　因此，不论你从事什么行业，身居何职，幽默力量都能助你一臂之力，使你的工作和事业更顺利地发展，使你的社会交往更为广阔。它能使你善于待人接物，广交朋友，帮助你解决人际关系的难题，教你学会如何摆脱使人窘迫的处境。当你想以积极进取和乐观开朗的形象出现时，你会赢得人们的欢迎和信任。当你想鼓励更多的人共同为实现目标而努力时，幽默能发挥巨大的作用。

幽默助你成为社交达人

现代社会，人们都渴望接受到更多的正能量。的确，生存压力本来就越来越大，如果再接受负能量的负面影响，岂非变得更加艰难。因此，每个人都喜欢有机智幽默的人交往，让在自己哈哈一笑之中，吸收更多的正能量。想想也是，当一个人妙语如珠地逗你开心，你自然心情舒畅。而如果面对一个总是一开口就艰难晦涩、惹人生气的人，你当然笑不出来了。尤其是在朋友之间，懂得幽默且擅长运用幽默的人，就像一块强力吸铁石一样，会把大家全都吸引到他的身边。只要有他在场，即便是原本枯燥乏味的谈话，也会因为他的幽默变得趣味盎然。曾经有科学家经过研究证实，幽默的能力与人的智商是正相关的。大凡幽默之人，一定是思维敏捷、充满智慧的。对于他们而言，随口讲出的一个笑话，也能逗得大家全都哈哈大笑。与此同时，幽默也是一门艺术，因而懂得幽默的人总是具有与众不同的魅力。

当下，人们越来越重视人际交往。在职场上，幽默能够帮助我们与同事、上司融洽相处；在生活中，幽默能够帮助我们吸引更多朋友，让友谊环绕在我们的身边。细心的人会发现，幽默的人身边总是簇拥着很多朋友，这就是幽默具有的强大吸引力。

纵观古今中外，大凡伟大的人物，除了具有不同凡响的才华之外，更是具有独特的人格魅力，所以才能把有才华的人都聚集在自己身边，为之所用。

　　领导中国人民翻身得解放的伟大领袖毛主席，就不但具有领导才能，而且独具人格魅力。有一次，毛主席在延安举行演讲会，正当演讲会即将结束时，他习惯性地掏出烟盒准备取烟出来抽。然而，他摸索了很长时间，也没有拿出一根烟。显而易见，烟盒里已经没有烟了。为此，工作人员很着急，马上动身去取烟。要知道。毛主席很爱抽烟，不能一时没有烟。在此期间，毛主席继续在烟盒里慢慢地摸索，过了半天才面带笑容地掏出仅剩的一根烟，将其用手指夹住，故意对着台下所有人说："最后一条！"大家全都哈哈哈大笑起来，无疑，他们听懂了毛主席用双关语营造的幽默。

　　所谓"最后一条"，其实毛主席是指自己准备说的最后一个话题。同时，这根烟也的确是毛主席掏出来的最后一根。如此一语双关，让听懂的人都忍俊不禁。毛主席的机智幽默，让原本感到疲倦的听众们顿时精神抖擞，疲劳一扫而光。

　　生活中，有很多场景都需要我们发挥幽默的能力，为大家带来幽默。而要想拥有更多的朋友，你只有提升自己的幽默能力，把自己变成一块超强力吸铁石，才能如愿以偿。

　　幽默的人，不但机智聪明，而且非常风趣。最重要的是，他们还具有自嘲精神，常常无伤大雅地调侃自己或者他人。毫无疑问，幽默能够帮助人们解除疲劳。即使是昏昏欲睡的人，一旦哈哈大笑起来，也会马上睡意全无。现在，还有些公司把幽默用于员工培训，结果证实那些经过幽默培训的管理人员，工作效率更

高，消极怠工的几率大大降低。你还犹豫什么呢？赶快想办法提升自己的幽默能力吧！虽然说幽默有很大程度上是智商在起作用，但是只要你博览群书，让自己变得学识渊博，并且善于应变，幽默能力就一定会有大幅度提升。

第12章

和谐的家庭欢乐多，让幽默言谈为爱增温

家是我们心灵的港湾，每当身心俱疲的时候，只要我们回家，就有了温暖。而对于家，我们每个人都有一个愿望，那就是希望它温馨和睦，但是这个愿望常常会被生活中的琐事影响而不能实现，这时就可以用幽默顺利地将愿望变成现实。幽默可以使家庭生活妙趣横生，促进家庭的和谐。恰当地运用幽默，幽默会成为你爱情和家庭的守护神。当然，和谐温馨的家庭关系，还需要每一位家庭成员的共同努力！

幽默口才让家庭倍感温馨与和睦

提到家庭生活，我们想到的多半都是天伦之乐，的确，家庭生活是温馨、幸福的，此时再来些幽默，那么，居家生活就更惬意了。我们不能否认，家庭生活是琐碎的，每天除了柴米油盐就是锅碗瓢盆，但常言道：家庭这盆稀泥，谁和得好，谁的家庭就和睦。谁家小葱拌豆腐，弄个一清二白，那叫没水平。事实就是如此，家庭就是锅碗瓢勺交响曲，奏得和谐，那是上品，奏得不和谐，天天弄得鸡飞狗跳的，再富有的生活也没滋味。怎样和谐？幽默的交际方式绝对是一种润滑剂。

幽默能制造妙趣横生的家庭生活，这样的家庭生活会使人们时刻保持良好的心情，对生活充满向往和希望。这样的家庭中的成员无论是工作还是学习都是精神饱满、积极向上、劲头十足的。

小明的妈妈学历不高，现在，她越来越感到自己文化知识的不足，于是，她决定从头开始，先学习英文，这下子，儿子就成了她的老师。

这天，小明正在看电视，妈妈捧了本书进来，说道："给我

翻译几个句子。"老妈看着书上的句子说道，"这个'I don't know.'是什么意思？"小明一看如此简单便脱口而出："我不知道。"老妈有点生气："送你上了几年学，你怎么什么都不知道！"小明说："不是，就是'我不知道'吗。"老妈："还嘴硬！"不容分说，老妈啪啪几掌打得小明乱跑。

老妈："你再给我说说这个'I know.'是什么意思，这个你该知道吧，给我说说。"小明说："是'我知道'。"老妈："知道就快说。"小明说："就是'我知道'。"老妈："找茬呀你，刚才收拾你收拾的轻了是不？"小明说："就是'我知道'呀！"老妈："知道你还不说，不懂不要装懂！"

老妈："你给我小心点，花那么多钱送你上学，搞的现在什么都不会，会那么一丁点东西还跟老娘摆谱，再问你最后一个，你给我好好解释一下，说不出来我再收拾你，你给我翻译一下'I know，but I don't want to tell you.'是什么意思？"结果小明的翻译又招来一顿骂。"儿啊，'I'm very annoyance.Don't trouble me.'是什么意思啊？"小明："我很烦，别烦我。"

老妈："找打，跟你妈这么说话。"老妈再问："'Look up in the dictionary.'是什么意啊？"小明说："查字典。""查字典我还问你做甚？"老妈又问："'You had better ask some body else.'怎么翻呢？"小明说："你最好问别人。""你是我儿子，我问别人干吗，又找打。""'God save me！'呢？""上帝救救我吧！""耍你老妈玩，上帝也救不了你！"

老妈刚要动手教训小明，小明连忙说："是世上只有妈妈好的意思。""嗯，这还差不多，一会我给你做好吃的，明天再问你。"在一旁的老爸听了这对母子的对话笑得合不拢嘴。

估计我们看完这对母子的对话，也会笑得前俯后仰，小明的妈妈很好学，但她问小明的问题都太巧合了，即使小明的翻译没有任何错误，翻译的意思也会使人误会，这让小明一时无所应对，而小明的妈妈则以为儿子在"戏弄"自己。然而正是这种答非所问，歪打正着的幽默，为平淡的生活增添了乐趣，使得小明一家妙趣横生、其乐融融。

若家庭生活是沉闷、无趣的，那么，便会使人感到无聊至极，沉闷且会使家庭成员之间的关系僵化，连说话的次数都极为有限，毫无生气可言。久而久之，这样的家庭便成了一汪死水。

此时，家庭成员若能发现生活中的趣味横生的事，开了玩笑，那么，就可以使家庭生活摆脱沉闷。有幽默的家庭是富有生机的，因为人人都能感受到父母、子女或者亲人对自己的关心和爱护，这样的家庭就像一个乐园，欢笑和美好充斥着每一个角落。这对小孩子健康成长，老年人安度晚年，中年人更好地持家都是非常有益的。

老王有个可爱的女儿，小姑娘长得很招人喜欢，但就是有个不足的地方，就是这孩子的牙齿不整齐，于是，老王和妻子商量让女儿戴一段时间的牙套。

自当女儿戴上牙套开始，老王和妻子就格外关心孩子的牙齿

矫正程度，于是，一旦没事的时候，他们就会就让女儿张大嘴扳着她的下巴翻来覆去地看。女儿每次很配合，高兴地张大嘴巴问她的牙齿比以前变漂亮了没有。老王发现，可能是这么小的姑娘带着金属牙套很显眼，现在，不光他和老婆对女儿的牙很好奇，周围邻居以及女儿的同学也经常央求女儿张开嘴巴让他们看个究竟。

这天放学，孩子舅舅替老王把孩子接回家后，老王放下手里的活儿，又如往常一样让女儿张开嘴想看看她的牙，女儿却紧咬嘴唇不让看，老王不解地看看她，问："怎么了？我只是看看你的牙变齐了没有，变漂亮了没有，以前你都乖乖地让爸爸看的，今天这是怎么了？"女儿向站在一边窃笑的舅舅做个鬼脸，嘿嘿一笑说："不让看，就是不让看，你若真想看得拿钱，我让舅舅看了好几眼，他一下奖给我好几百哩。"

小舅子和老王开的玩笑很巧妙，关心孩子、给孩子钱都是用幽默的方式，不过从这个幽默中反映出了家人对孩子的喜爱，以及老王一家人关系的和谐。

可能很多人认为，交际只是指外面的大社会，家庭这个小社会就不需要。实际上，并不是如此，家庭不仅需要交际，还非常需要有幽默特点的交际。使用幽默吧，去借用简洁的格言、机智的谚语和精彩的玩笑，然后加以修改，成为适合自己情况的幽默方式，让你的家庭生活更加美好！

与其责备，不如运用幽默关爱

生活中，我们每个人都渴望自己的家庭生活美满幸福，希望和自己的爱人相敬如宾、希望孩子可爱听话、希望父母对自己呵护有加，但毕竟人无完人，尽管家庭中的每个成员都会尽量做到最好，但错误和过失仍然是存在和不可避免的。这时，作为亲人的我们，有必要帮其指出。试想，如果你对孩子的错误置之不理，那么，你的孩子很可能会一错再错甚至误入歧途；如果你对爱人的恶习不加管制的话，那么，他（她）也可能在错误的道路上越走越远。但过于直接的批评会伤害人们的自尊，尤其是小孩子和青年，他们正处于叛逆的年龄，对于那些直接的批评很可能会产生抵触心理，结果不但不会起到教育的作用，反而会使其变本加厉，愈演愈烈。

所以这时用幽默的方式，暗示责备不但可以缓解由于错误带来的紧张气氛，而且可以使其认识到错误的所在，促进家庭成员之间的感情。

小张和小李大学时候就开始恋爱了，毕业以后，两人顺利步入了婚姻的殿堂，可以说，他们是周围同事、同学、朋友羡慕的模范夫妻。小张是个体贴的男人，在学校的时候，他就一直充当着大哥哥的角色照顾小李，而且无微不至。而小李则像一只温柔的小鸟，总是依偎在小张的身旁。

婚后，小张提出自己创业，并要努力为妻子换个大房子。于

是，他们便把几年存下的积蓄拿出来，开了自己的公司。从此，小张平起早贪黑地工作，常常应酬到半夜才回家，然后倒头就睡，偶尔早回家，也是埋头查资料、写方案。

小李变得孤独了，刚开始，她总是在丈夫身边，希望丈夫和自己说说话。但丈夫太忙了，他期盼着成功，期盼着为妻子奉献高品质的生活。

后来，小李对小张喊道："你总是这么晚回来！""我没有总是啊！"小张说。他没有想着留给两人一点交流的时间。

一年后，小李问："你总和什么人在一起？""孙总、李小姐……"小张回答。

以后，小李喊得更多，而小张什么也不说，就拿起报纸走到另一个房间。

五年后，他们如愿以偿，取得了阶段性成果，事业小有成功，可以实现买房计划了，但妻子提出买两套小房子，而不是计划中的大房子，虽然他们之间没有第三者。

他们之间似乎已经没有以前的默契了，正是因为小李整天不断的唠叨，使本来交流就少的小张更加心烦。在生活中像这样的家庭可以说是屡见不鲜的，其实在这个时候，小李在表达自己的不满或者责备的过程中就需要具备些幽默感。

可能你已经习惯了批评别人，尤其是你的亲人，你会觉得，你的批评是善意的，但你要记住，你的指责绝对是一种冒险，极有可能伤害到对方的自尊。也有可能对方已经认识到自己的错

误，但却会因为你说话的方式而死不承认，甚至故意顶撞你。许多夫妻都有过类似的经历，无谓的争吵随时都会发生，一旦发生又会因愤怒而失去理智，直至闹得不可开交，甚至拳脚相加。所以要委婉地进行表达，用幽默的方式不仅可以打动对方使你的意见得到重视，而且可以为整天处于紧张状态的人缓解疲劳，身心上得到安慰和暂时的解脱。

有一名男子，因为他的妻子是个女强人，在事业上的成就很高，而自己不过是一个工薪阶层，他的妻子就整天责备和鄙视，他终于忍受不了妻子的高傲冷漠，一天他逃出家门，投宿旅店。服务员为他打开一个房间，讨好地说："住在这间房里，你会感到像住在自己家里一样。"这人一听此言，精神上受到强烈刺激，大声喊道："天哪，千万别这样，快给我换个房间吧！"

可见没有幽默的家庭是让人想逃离的旅店。

某家庭中的一位大男子主义者对妻子讲："你什么都得听我的。"

他的妻子回答："可以，我病时听你的，没病时你听我的。"

此人面对妻子的话，无言以对。

这里，妻子运用得体的幽默感言来"回敬"丈夫，使沉闷的气氛变得活跃起来。这时，假若这位妻子以"凭什么都得听你的"针锋相对，恐怕一番激烈的唇枪舌战在所难免。

我们不得不承认，现代社会，离婚率越来越高，很多年轻夫

妻结了婚以后，才发现相爱容易相处难，生活中常因一点小事就批评和责备对方。有些夫妻整天吵架，起因都是些鸡毛蒜皮的小事情。当两个人呢真正分开才悟出当初自己的错误，但后悔已经晚矣。

　　有人说，一个家庭中，如果有富有幽默感的成员，那么，这个家庭肯定是和睦的。这是因为幽默是人类自我完善的一种途径，也是一种引发喜悦、以愉快的方式使人发笑的艺术。家庭生活的琐碎以及工作与生活带来的压力，可能都使我们多了一丝烦恼，此时，一句幽默的话语就可以消除疲劳，让人倍感生活平淡才是真的道理。幽默是美好的，更是智慧的产物，因此，它自然而然地成了许多人追求的生活和交际艺术。希望你也可以用幽默营造家庭宽容和谐的氛围。

幽默沟通，让婆媳关系更和谐

　　婆媳关系这个词汇，对已进入婚姻围城的人来说，是个讳莫如深、极为敏感的话题。不住一起还好说，住在一起由于生活习惯不同，很多矛盾就会产生。可以说，在影响婚姻幸福及家庭和睦的诸多因素里，婆媳关系成为仅次于婚外恋的破坏夫妻感情的杀手，是导致家庭内战的最大诱因，还有人将其戏称其为影响婚姻质量的恶性肿瘤。可见，婆媳之间如何相处已经成为很多家庭

必须面对的问题。其实，婆媳之间矛盾的产生，无非也是生活中的一些琐事，此时，如果你板着面孔，非要争个谁对说错的话，那么，矛盾和争论也就产生了，而如果你能在危机产生之前开个玩笑，幽默一番，那么，很多问题便在一片和谐的笑声中解决了。

小梦是个幸福的女人，她有个疼爱自己的老公，和一个可爱的女儿，婆媳关系也一直很和谐，这主要得益于小梦随和的性格。

当然，小梦和婆婆之间或多或少总有点矛盾。小梦的婆婆是个传统的人，一直希望小梦能为自己生个孙子。在小梦怀孕前，她不好意思和小梦直接表明自己的想法，于是她想暗示下小梦。

婆婆：我天天做梦都梦见我的孙儿是个男娃娃。

小梦：那您今天晚上再做一次梦吧，梦到是个女儿就好了，我太想要一个女儿了。

婆婆：要女儿？那你们的房子、我们的房子以后留给谁啊？（小梦家条件非常好，目前她的新房子、装修、家具、电器、汽车全是小梦的父母提供的，因为小梦的老公家条件很差，现在房贷也是小梦的老公在还，所以负担是很重的。）

小梦：给我的女儿啊。

婆婆：哦，给你女儿，然后你女儿再去找个男人回来一起住，那不是便宜别人的儿子了？

朋友：那有什么？我也是我妈妈爸爸的女儿啊。我妈妈爸爸

不也为我提供这么多东西，而且我也是和我的老公一起用的啊。难道你认为我的老公占了我的便宜？

婆婆一听，知道自己说错了话，也就不再提这事儿了。后来，即使小梦生了个女儿，她也还是很高兴。

这里，我们看到了一幅和谐的婆媳关系相处的画面，这里，有两个女主人公——小梦和她的婆婆。小梦是个幽默的儿媳妇，当她发现了婆婆的暗示后，她并没有采取和婆婆理论的方式，而是幽默地和婆婆开了个玩笑，让婆婆认识到自己的无理要求。

作为现代家庭中的女人，也应该和案例中的女主人公一样，凡事不要太较真，和对方开个玩笑，不要那么严肃，整个家庭氛围也就轻松多了。

那么，作为年轻人，除了幽默外，在婆媳问题上，你该如何对待呢？

1.懂得尊重

对待老人，最重要的还是尊重。有时间时，和她逛逛街，给她买一些能够在她朋友面前炫耀的小礼品，让她教你做做饭之类的，和她多沟通，不要在她和老公之间有误会存在，这样老公也不好做人的。

2.理解老人，减少冲突

凡事顺其自然；遇事处之泰然；得意之时淡然；失意之时坦然；艰辛曲折必然；历尽沧桑悟然。

不要只是以你的角度去看待的问题，找个熟人，去你婆婆那

闲聊套下话，看下你婆婆那边怎么看待你。或许真有你没注意到的细节。以后注意到这些细节，避免自己不对的地方。

婆媳始终是一家人，包容理解才是主要。要你婆婆理解你，你先得理解你婆婆，学会从她的角度去思考。

用幽默来化解恋爱中的小矛盾

爱情是美妙的，但为爱伤神的人也不在少数，尤其是面对爱情中的小矛盾，很多人会觉得束手无策。其实，恋人之间闹点矛盾是一种普遍的现象。怨怒之中如果即兴来一两句幽默，往往会使形势发生转变。

小方即将与和自己相恋五年的女朋友小菲结婚了，但就在这节骨眼上，他俩却因为一件生活琐事怄起气来，两人几天几夜没说一句话。小方找话说，小菲也不答腔。一天早饭后，小方在房间里从箱子里翻到柜子里，又从柜子里翻到库房里，翻来翻去，也不知翻什么名堂。小菲实在看不下去了，忍不住开了口："你找什么啊找？"小方哈哈大笑起来："就找你这句话啊！"小菲这才明白了小方的用意，走过去轻轻地打了小方一下，也笑起来。几天来一直笼罩在两人之间的阴云顿时烟消云散，欢乐的气氛重又荡漾在新家中。

幽默是打破夫妻之间僵局的最佳方式。这里，小方用幽默的

手法，打破了夫妻间的僵局，让欢乐的气氛又重新回到家中，做法是巧妙的。

我们经常也会遇到这种爱人间的冲突，但如果处理不当，轻则搞得双方心情不愉快，重则会使双方感情出现裂痕，天长日久，由量变到质变，后果不堪设想。

的确，日常生活中，恋人间的交往是私密的，也是极容易发生摩擦的，争争吵吵也是常事。可有的爱人间一旦发生碰撞，就互不相让，一定要分个谁是谁非，谁对谁错；甚至有点分歧，就相互赌气，暗中较劲，你不理睬我，我不理睬你，视对方如路人，这既影响恋人之间的感情，也影响双方的思想情绪和身心健康。像小方这样采用"幽默"的手法来进行爱人间思想沟通、化解矛盾的做法，值得效仿。

有人说，幽默是一种人生智慧，一种生活态度，一种处世方式。恩格斯也说过，幽默是具有智慧、教养和道德上的优越感的表现。在人类宝贵的心灵财富中，幽默感最神秘。一个懂幽默、善于幽默的人，定会受到对方的欢迎和喜爱。凡具幽默感的人，所到之处，便充满欢乐与融和气氛。许多女孩子择偶的一个重要标准是对方是否有幽默感。学会幽默，就学会了乐观，会幽默的人，才会懂得调解爱人间的矛盾，创造出"柳暗花明又一村"的局面。所以心理学家认为，幽默是一种积极乐观、别具一格的思维方式。

我们都希望爱人间始终相敬如宾、举案齐眉，但这种情况实

属罕见。恋爱过程中，可能一句话，一个动作，乃至一个眼神都会导致一场冲突。爱人间发生冲突并不可怕，问题在于如何尽快平息。如果双方都懂得一点幽默的技巧，便会立竿见影，和好如初，化干戈为玉帛。如果你懂得在发生矛盾时说："你看世界上的冷战都结束了，我们家的冷战是不是也可以宣布停战了？"对方听了大多都会"多云转晴"的。

当爱人间产生矛盾时，说上几句诙谐幽默的话，做几个含蓄而有趣的动作，或是讲个好笑而又意味深长的故事……就像说相声那样抖几个"包袱"，紧张的气氛往往会顿时缓和下来，对立的情绪也就会很快消除。

但幽默是讲究环境和条件的，在具有幽默诱发作用的环境中，具备了成熟的条件，人往往会自然而然地幽默起来。恋人之间的爱就是一个很好的诱发幽默的条件，因为它充满了爱意。

总之，只要一方能针对矛盾的具体情况，采取相应的沟通方式，巧用言语，就可以尽快打破僵局，让爱人间恢复往日的欢乐与和谐。幽默是爱情生活的润滑剂，它能给彼此带来阳光和春风。

爱情变冷，妙用幽默使其升温

每一个人，都希望自己爱情顺利，与爱人长相厮守，这是人

们的美好愿望，但实际上，并不是所有人都能时时刻刻享受到爱情的甜蜜。最令人们伤神的是遇到感情危机，情侣关系难以为继，此时，我们该如何是好呢？好言相劝有时候并不见效，而苦苦哀求也只会让你丧失尊严和人格。其实，如果你能用语言之水——幽默来浇灌这朵即将枯萎的爱情之花，是能起到绝处逢生的作用的。

事实上，幽默不仅仅能让男女之间互生好感，让感情长出幼芽，还能帮其开出花朵，结出果实。可以这么说，如果爱情中没有幽默和笑声，那么爱还有什么意义呢？甚至有人说，爱就从幽默开始。更重要的是，幽默还可以化解爱情中的危机。

研究生小方和中文系的同学小林好了一段时间了，但面临毕业的他，不想和很多同学一样，毕业后就和自己的爱人分道扬镳，他有意要和这位女孩结婚成家，因此，他明白，要想留住和他冷战的小林，就必须主动出击。

一天，等小林下课后，他鼓足勇气跑上前去搭讪，说："你拿的书看起来蛮重的，我帮你拿吧！"

小林说："谢谢，不用了。"

小方又说："那我帮你拿手提袋吧！"

小林说："真的不用。"

小方想了一下，说："总得帮点儿忙吧！要不这样，我拿你的手好了。"

于是，两人又重归于好。毕业后，两人也克服了重重阻碍，

登上了婚姻殿堂。

这里，小方的方法奏效了。在小林看来，他们的爱情是没有结果的，于是，她决定放弃而开始冷落小方，此时，小方的一句幽默"我拿你的手好了"顿时让她感受到暖暖的爱意，两个人之间的隔阂也就消除了。

我们再来看下面一个男士挽救爱情的方法：

女：我们分手好吗？

男：啊？不好！

女：求求你和我分手吧，我是真的服了你了。

男：你服我为什么还要和我分手啊？服我应该是崇拜我，很乐意和我在一起！

女：我是真的服了你的，不是崇拜的"服"，而是服你个木头！

男：木头是植物，我是动物，你连动物和植物都分不清。

女：我觉得我和你没什么话题。

男：世界上本没有话题啊，你多提点就有了！

女：你让我怎么跟你提？举一个很简单的例子，我说让你陪我去逛街，你可好，却带我去轧马路！逛街是去商场逛，你懂吗？

男：那你就说逛商场，别说逛街，商场是商场街是街，这完全是你没弄明白。

女：难道什么都要我和你说明白你才懂？

男：你不说明白我怎么能懂啊！语言是人与人沟通的通道，不可以马马乎乎。

女：那好，我们现在分手，你明白不？

男：明白！就是不分！

女：你到底喜欢我哪点，我改还不行吗？

男：你改不了！

女：你说吧，我肯定改！

男：我喜欢你不讲理，而且懒，脾气坏，你能改吗？

女：我我我……我怎么改啊！我从小就这样，你不是为难我吗？

男：那好吧，分手的事就等你改了再说。

女孩无奈……

女：我喜欢别人了。

男：他哪点不如我？（这里是重点，误导）

女：哪都不如！

男：既然哪都不如，你喜欢他干什么啊？

女：我以为你说的你哪点不如他呢！

男：看来没有共同语言是你没有认真听我说话，那问题出在你的身上，你不可以因为这个给我提出分手。

女：求你了，你是个好男人，我是个坏女人，我配不上您行吗？我长得丑，心眼毒，智商低，我一无是处。您十全十美，您给我条活路好吗？

男：我是好男人是毋庸置疑的事实，你是坏女人，也就是一般坏吧。你配不上我，我可以将就一下。长得丑，不要出来吓人就行了。

女：我今天说什么也要和你分手。

男：今天说什么也要和我分手？那你说到明天。好不容易找到对象，哪能说分就分。

女：好，我不分手了。

男：那又为什么不分了？

女：我服你。

男：可是刚刚你明明说你服我才和我分的啊。

女：我改变注意了行不行？

男：女人为什么都这么善变？

女：你……这辈子我算死在你手里了。

男：我觉得我是受过高等教育的人，不会做杀人那么低俗的事儿，你这个猜想，不太有可能。

女：你……我算是服了你了。

男：那我们还谈不谈分手的事儿啊？

女：算了，走，吃饭去。

看完这对情侣之间的对话，我们不禁会笑出声来，也不得不佩服这位男士的幽默技巧，他并没有直接表明自己不想分手，而是从各个方面反驳了女孩分手的理由，最终让女孩子收回自己分手的要求。

　　的确，从他们身上，我们看到男女恋爱中的很多趣味场面，男女谈恋爱的过程，也就是一对欢喜冤家打情骂俏的过程，用幽默的话语"互掐"能为恋爱生活增添更多乐趣。正是由于这样，人们乐于以幽默在恋爱生活中表达爱的情感，并借助幽默与爱人冰释前嫌、重修旧好，使人在欢笑中体会到彼此的爱，重新燃起爱的火花！

参考文献

[1] 陈浩. 幽默沟通学[M]. 北京：中国华侨出版社，2013.

[2] 张晓. 幽默沟通[M]. 北京：北京理工大学出版社，2016.

[3] 吴淡如. 幽默与口才[M]. 北京：北京工业大学出版社，2012.

[4] 谢伦浩. 每天学点幽默术全集[M]. 北京：石油工业出版社，
2011.